L'odyssée d'un ti torpillé

Maurice Larrouy

Alpha Editions

This edition published in 2023

ISBN : 9789357968386

Design and Setting By
Alpha Editions
www.alphaedis.com
Email - info@alphaedis.com

Contents

PREMIÈRE PARTIE

Côte du Maroc, 22 août 1914.
A bord du *Pamir*.

Mon cher ami,

Tu dois te demander ce que je suis devenu dans toute cette bagarre. Il est plutôt loin, notre 14 juillet de la Nouvelle-Orléans où nous nous sommes dit au revoir au Dollar-Bar, après un cake-walk au son du gramophone. Je vais te raconter en bloc.

Le *Pamir* a chargé son coton — cinq mille balles — jusqu'au 25 juillet. Il faisait plutôt chaud et l'on avait hâte de partir pour Liverpool, trouver un peu de fraîcheur. Et puis les nouvelles sentaient le brûlé. Les journaux américains faisaient du tapage, avec de grosses manchettes, sur la Serbie et le reste. Mais on croyait que c'était un bluff de la presse germanophile et de la bande à Hearst. On était content tout de même d'aller voir ce qui se passait en France et de voir aussi la tête des compatriotes.

On est appareillé à deux heures du matin. A la sortie un grand patouillard a failli nous caramboler, mais le pacha a bien manœuvré. J'ai pris le quart à trois heures, à la place de Blangy qui avait un bon coup de fièvre et se bourrait de quinine depuis deux jours.

Quel coup de soleil au golfe du Mexique ! Trente-cinq sur la passerelle, quarante dans la cabine, pas ça de vent. Dans l'Atlantique, ça a un peu fraîchi et Blangy a repris le service.

La barque filait ses dix nœuds forts, mais au bout de trois jours, voilà la machine qui s'emballe à tout casser. C'était notre arbre de couche qui venait de se briser net, à un mètre du palier de butée. On avait dû rencontrer une épave entre deux eaux qui avait bloqué l'hélice ; je ne serais pas surpris qu'un morceau d'hélice soit tombé au fond de l'eau.

Pas moyen d'appeler au secours, puisqu'on n'a pas la télégraphie sans fil. Muriac, notre mécanicien, a été épatant. Il a trouvé moyen de faire forger, sur notre mauvaise enclume, deux colliers en fer qu'il a pincés sur les deux moignons d'arbre avec huit boulons. Ça a pris deux jours de travail. Ce que le pacha Fourgues a pu grogner de se voir stoppé comme un coffre au milieu de la baille ! Tu le vois d'ici avec ses yeux bridés et son bouc, criant toutes les cinq minutes par le panneau des machines :

— Eh ! en bas ! Muriac ! C'est-y pour les vendanges qu'il tournera votre tourne-broche ?

— Encore une heure, peut-être deux ! — hurlait Muriac. — Mais vous feriez mieux de nous fiche la paix !

On est reparti après avoir dérivé de cinquante milles à l'Ouest. Fourgues avait peur que la chignolle ne donne plus les dix nœuds, mais l'arbre était plus solide qu'avant.

Ça nous avait retardé. Le 7 août à la nuit, on entre dans le canal d'Irlande ; on cherche les feux ! Macache ! J'étais de quart ; pendant trois heures, Fourgues m'a bourré comme il sait faire, parce que je ne voyais ni phare ni rien.

— Qu'est-ce qui m'a fichu un aveugle de ce calibre ? Faut changer vos yeux. Allez vous fourrer sur la terre ! Mais allez-y donc ! Collez-vous dedans ! comme ça vous les trouverez peut-être les phares. Et puis, vous nous aurez fait perdre trois heures. Finira jamais, ce voyage !

Il n'en voyait pas plus que moi des phares, et c'est bien pour ça qu'il braillait. On s'est approché de terre à toucher ; on la voyait comme un quai : pas plus de feu que sur la main. Alors, tout à coup, un bateau arrive sur nous à toute vitesse, avec des lampions qui s'allumaient et s'éteignaient. Je ne bouge pas parce qu'on le voyait par bâbord, et je continue mon petit bonhomme de chemin. Pan ! pan ! Le bateau envoie deux coups de canon à blanc.

— Bougre, — dit Fourgues, — on est dans des exercices de contre-torpilleurs ! Il doit y en avoir d'autres. Ouvrez l'œil, petit.

J'ouvre l'œil. Pan ! un obus nous tombe à dix mètres devant ; le destroyer vient à toucher, et hurle par le porte-voix :

— *Stop ! Stop ! or we shoot you down*[1] *!*

[1] — Arrêtez ! ou nous vous coulons.

Tu parles qu'on a stoppé. Le destroyer s'étale tout près. On n'y voyait rien ; deux escarbilles de temps en temps.

— *Who are you ?*

— Pamir, *French cargo boat with cotton from America to Liverpool. Why do you stop us ?*

— *Oh ! you are French, are you ?*

— *Yes !*

— *All right ! War is declared*[2] *!*

[2] — Qui êtes-vous ?

— Le *Pamir*, cargo-boat français avec coton américain pour Liverpool. Pourquoi nous arrêtez-vous ?

— Oh ! vous êtes français, n'est-ce pas ?

— Oui !

— Très bien, la guerre est déclarée.

— N. de D., — crie Fourgues en même temps que moi. Et il me saute dessus en m'embrassant ! — Ça y est, petit, on s'étrille avec les Boches.

— *What are you doing ?* — crie le destroyer.

— *Oh ! going back to France !* — répond Fourgues ; et puis aussitôt :

— *Is England with us ?*

— *Yes of course.*

— *Hurrah !*[3] — répond Fourgues. — A gauche, toute ! et en route pour H*** ! On va se mettre aux ordres de la Marine.

[3] — Qu'allez-vous faire ?

— Oh ! rentrer en France ? est-ce que l'Angleterre est avec nous ?

— Oui, naturellement !

— Hurrah !! !

Le torpilleur nous accompagne un bout de chemin et puis nous largue en criant :

— *Good bye and good luck, fellows.*

— *Thank you and you the same*[4].

[4] — Bonsoir et bonne chance, les copains.

— Merci, et vous de même.

Y a pas ! Fourgues est un brave type. Il n'a pas hésité pour retourner en France. Il me tapait dans le dos, m'offrait des cigares, et rigolait sur la passerelle.

— Tu parles, qu'y en avait pas, des phares ! plus souvent qu'on leur allumerait des rostauds, aux Boches ! Dégringole, petit ! va raconter ça à

Muriac et Blangy. Secoue-les s'ils roupillent. Ils vont en faire une tête ! Envoie-les sur la passerelle, et monte avec une bouteille de champagne. C'est ma tournée !

Blangy et Muriac n'ont pas fait ouf ! le canon les avait réveillés, mais ils croyaient à des manœuvres.

— C'est pas un bateau que tu nous montes ! — ont-ils dit tous les deux.

— Blague dans le coin : le pacha vous le dira.

On s'est embrassé. Personne n'avait plus sommeil. Sur la passerelle, Fourgues a voulu verser le champagne ; dans le noir, il nous a tout fourré sur les mains, parce qu'il tremblait d'émotion ; on a bu ce qui restait.

— Avec tout ça, — dit Fourgues, — on ne sait pas depuis quand le boulot a commencé. Avons-nous l'air gourde, sans radio ni rien ! On pouvait aussi bien tomber sur les Boches ! Ça ne fait rien, ils sont un peu là, les Anglais aussi, de marcher avec nous ! Qu'est-ce qu'on prendrait s'ils nous avaient plaqués !

— Et les Russes ? — demanda Muriac.

— Pas peur ! — dit Fourgues. — On va ensemble.

— Et les Italiens ? — dit Blangy.

— Ça c'est plus chanceux. Faut tout de même savoir les tuyaux ! Pouvez-vous forcer un peu, Muriac ?

— On va essayer jusqu'à onze nœuds ; le charbon est bon, l'arbre tiendra.

— Eh bien ! allez-y. Faut arriver demain à H***.

On a poussé tant qu'on a pu. Je n'ai pas dormi, moi. Je comptais sur une permission en août, pendant qu'on nettoierait les chaudières, pour aller chez moi, à La Rochelle. Tu sais pourquoi, mon vieux. Je t'avais raconté à La Nouvelle-Orléans ; c'était pour cette année. Qu'est-ce qu'elle va dire, la pauvre petite ? Je suis reparti sans la voir !

Le *Pamir* est arrivé à H***, le 9 au matin. Fourgues est allé à la Préfecture maritime. Il est revenu à midi, avec les journaux et les nouvelles.

— On ne sait pas ce qu'on va faire du *Pamir*. Il faut attendre les ordres. J'ai télégraphié à l'armateur. J'ai demandé à l'amiral de vider le coton. On m'a dit de le garder jusqu'à nouvel ordre. Défense de toucher à rien. Aucune visite de machine ou chaudière. Muriac, on verra notre arbre plus tard. Cet après-midi, un officier de marine viendra à bord pour statuer sur la destination des officiers et de l'équipage !

Si l'on n'était pas en guerre, Fourgues aurait plutôt fumé ! Nous garder avec cinq mille balles de coton dans le ventre, laisser en pagaye les chaudières et l'arbre, et ne pas savoir ce qu'on fera demain ! Mais il a bien pris tout, même la défense d'aller à terre et l'ordre de se tenir sous les feux.

L'officier de marine, un à cinq ficelles, est arrivé vers trois heures. Il a fait réunir l'équipage, regardé les livrets, et en une demi-heure le compte a été réglé. Muriac a débarqué ; Blangy aussi ; la moitié des gens du pont et les trois quarts des mécaniciens ont fait leur sac et sont partis à terre. L'officier a dit que c'était pour armer les navires de guerre et les forts de la côte. Il nous a donné l'ordre de partir le soir même pour le port de ..., au Maroc, où nous recevrions de nouveaux ordres.

Fourgues a un peu sauté.

— Alors ! vous voulez que je me trotte au Maroc, avec deux officiers et la moitié de l'équipage en moins ?

— Nous avons besoin des officiers. Les navires de guerre passent avant ; les inscrits maritimes prennent service dans la flotte, officiers ou marins. Quant aux hommes, on vous en enverra à cinq heures un contingent de réservistes, cinq matelots de pont, dix mécaniciens.

— Autant me laisser les miens qui connaissent le bateau. Mon arbre est cassé, mes chaudières sont pourries.

— Bah ! vous en sortirez bien.

— Et du charbon ? et des vivres ?

— Partez toujours, vous vous ravitaillerez en route si c'est nécessaire. On a besoin de vous au Maroc.

— Pourquoi faire ?

— Vous recevrez des ordres.

— Pouvez-vous me passer des cartes du Maroc ? Je n'ai que celles d'Amérique et d'Europe.

— On verra. Je ne crois pas qu'il en reste. On les a passées aux navires de guerre.

— Je n'ai pas de T. S. F.

— A quoi bon ? Avez-vous peur que les Allemands vous rencontrent ? On fait bonne garde !

— Et mes cinq mille balles de coton ?

— Nous n'en avons que faire. Bref, tenez-vous prêt à appareiller à six heures, après avoir reçu votre corvée de réservistes. C'est compris ?

— Dame !

— Faites passer votre personnel qui débarque dans ma chaloupe, j'ai encore trois bateaux à voir !

Muriac, Blangy, tous les marins ont fait leur sac, en cinq secs, je te prie de le croire. On n'a pas eu le temps de se serrer la main. Qu'est-ce qu'ils ont pu devenir les copains ?

— Ça va bien, — me dit Fourgues, quand on s'est retrouvé tout seul. — Tu vas te charger de la machine et nous ferons le quart à courir, tous les deux, à moins qu'ils nous envoient quelqu'un qui sache où est tribord et bâbord. Dépêche-toi. Va écrire au pays ; je vais en faire autant. Voilà deux ans que je n'ai pas vu la femme et les enfants, à Orange… et toi, pauvre pitchoun de fiancé ! Eh bien ! ça ne fait rien ! je suis content. On verra qu'il sait se débrouiller, le vieux *Pamir*.

Il m'a serré la main ; tous deux, on avait envie de pleurer : partir comme ça, avec une sacrée barque démantibulée. On s'est trotté dans les chambres. Il a écrit à Orange, moi à La Rochelle ; pas bien long, tu sais, juste pour dire qu'on était présent, et d'écrire au Ministère de la Marine, avec « faire suivre » en grosses lettres sur l'enveloppe. Et puis, les réservistes sont arrivés. Qu'est-ce qu'on nous a envoyé ! Je comprends qu'ils gardent les inscrits maritimes, dans la marine de guerre, les autres sont tout de même un peu trop éléphants. Pour le pont, il y a un croupier de Deauville, un contrôleur de tramway, un marchand de journaux, un garçon de magasin, un cocher ; pour la machine, un boy d'ascenseur de grand hôtel, un opérateur de cinéma, trois livreurs, un afficheur, un marchand de bestiaux et trois autres de la même cuvée ? Qu'est-ce qu'ils se rappellent de la marine, ceux-là ? Ils sont arrivés abrutis, gras, posant des tas de questions. Ça n'a pas traîné : l'ascenseur et le cinéma sont chefs de quart devant les feux, le contrôleur de tramway tiendra la barre, le cinéma fera aussi la dynamo. J'oubliais un chef de cuisine de l'hôtel Romantic à Monte-Carlo ; celui-là, nous nous le sommes annexés pour la table des officiers. S'il peut faire avec les fayots et le singe, c'est un malin. Quant à Fabrice, tu te rappelles, le petit Fafa qui faisait de si bons cocktails à Galveston, il est retourné au bossoir.

Le *Pamir* a quitté H*** à six heures tapant. Autant dire que Fourgues et moi n'avons pas fermé l'œil de la traversée. Douze heures de quart chacun sur vingt-quatre et un propre temps de cochon. Le reste du temps, je le passais dans la chafuste, en bleu de chauffe, pour parer aux échauffements et fuites. A l'école d'hydrographie, on n'apprend pas gros en mécanique. Je m'en suis aperçu, d'autant plus que j'avais tout oublié. Le premier jour, on a eu des condensations d'eau dans le cylindre de basse pression, et ça tapait sur le couvercle à croire que la boîte allait éclater. Il a fallu réduire de vitesse et vidanger. La chambre des machines s'est remplie de vapeur. Tous les réservistes se sont trottés, en criant comme des putois. Avec les anciens du *Pamir*, on a tout rafistolé. Le lendemain, ce sont les tubes de la chaudière 3 qui se sont mis à sauter. C'est la vieille qu'il fallait retuber d'urgence. Le marchand de bestiaux, qui était de service à l'alimentation, ne savait pas où étaient les robinets des caisses à eau ; quand il y en a eu une qui a été vidée, il l'a laissée marcher. Le niveau est tombé à zéro, et tu vois d'ici le coup de feu ! On a éteint la chaudière et on n'a plus fait que sept nœuds. Dans le golfe de Gascogne, on a pris un coup de tabac, pommé. Deux livreurs et l'afficheur sont sortis des soutes à moitié morts, crachant du sang et du charbon à pleines cuvettes. Plus moyen d'envoyer le charbon aux chaudières. Fourgues réduit à cinq nœuds. Les chauffeurs ne pouvaient plus charger. Ils en avaient plein les bras et se flanquaient par terre à chaque pelletée. Ils envoyaient le charbon partout, sauf dans le gueulard. C'était du propre !

Avec un équipage pareil, Fourgues a eu peur que le voyage dure un mois, qu'on n'ait plus ni vivres ni charbon. Il est allé mouiller au port de ***. Il a été plutôt mal reçu. D'abord, c'était un dimanche, et on lui a demandé pourquoi il venait déranger les gens, au lieu de venir en semaine. Il a dû leur envoyer quelque chose, mais je n'étais pas là pour entendre. On lui a permis de faire des vivres. Pour du charbon, barca !

— Comment ! — a-t-il dit, — vous en avez là des monceaux ! Vous ne pouvez pas m'en passer la moitié d'un tas ?

— Impossible. Ce que vous voyez, c'est le stock intangible de mobilisation.

— Eh bien ! on n'est peut-être pas mobilisé ! on est en guerre.

— Possible ! mais c'est le stock intangible. Ça veut dire qu'on ne doit pas y toucher.

Il n'a pas pu en sortir. A quoi ça leur sert-il, ce charbon qui est là pour la guerre, et qu'on ne donne pas en temps de guerre ? Le *Pamir* a appareillé après huit heures d'escale. On a pu avoir des vivres. Fourgues a télégraphié à la boîte pour qu'on lui envoie de l'argent au Maroc. On est à sec, et il faudra manger, là-bas, et payer du charbon, et faire de l'eau, et tout.

Le reste de la traversée s'est fait cahin-caha, entre cinq et six nœuds. Les paliers ont chauffé, le graissage a manqué, la pompe de cale s'est enrayée, et il y a un mètre d'eau sous les planchers de chauffe. Tu vois d'ici ce que ça sent. Muriac avait du bon. Il n'aimait pas qu'on mette le nez dans son fourbi, mais ça marchait. Moi j'y renonce. Passerelle et machines, le quart à courir, il y a de quoi claquer. Blangy a de la chance. Il doit être sur un bateau de l'État, avec état-major complet. Je me demande pourquoi c'est lui et pas moi qui est parti. Nous sommes de la même promotion ; seulement, c'est lui qui a donné le premier son livret à l'officier de H***, et il était déjà emballé quand j'ai donné le mien.

Ça promet, mon vieux. Il passera de l'eau sous le *Pamir* avant qu'on nous donne des officiers.

On est arrivé au Maroc avant-hier. Comment est-on arrivé sur la bonne rade ? Demande à Fourgues. On n'avait pas eu les cartes à H***, et nous n'avions que le routier de l'Atlantique, où la côte du Maroc occupe un centimètre. Les fonds sont mauvais. Les côtes sont plates. On est resté un jour et une nuit à rôdailler en vue de plages avec trois cactus et un palmier. Fourgues ne voulait pas se tromper de port et, à distance, ils se ressemblent tous. Pas moyen de faire le point, des nuages tout le temps ou de la brumaille. Heureusement on a rencontré un Américain qui nous a signalé notre position et la route à faire. C'est comme ça que le *Pamir* est arrivé.

Au port, tout le monde avait fichu le camp pour la France, par le dernier bateau. Un officier de terre, un premier-maître de marine, et rien de plus. Ils ont demandé ce que nous venions faire et si nous avions des munitions.

— Des munitions ? — crie Fourgues. — Cinq mille balles de coton, capitaine, des chaudières en bottes, plus rien à manger, des raclures de charbon et pas un sou en caisse !

— Que diantre venez-vous fabriquer au Maroc, alors ?

— On m'envoie de H***, et l'on m'a dit qu'il y aurait ici des ordres pour le *Pamir*.

— Première nouvelle ! attendez toujours. On trouvera bien quelque chose pour vous.

Voilà, mon vieux, pourquoi je t'écris du Maroc. Nous attendons des ordres qu'on a demandés à Paris, à Rabat et à Tanger. Rien n'arrive. Fourgues ne décolère plus. Notre coton commence à chauffer, car il fait tiède, ici. La moitié des réservistes est sur le flanc, diarrhée, embarras gastrique, claque générale. Il faut les entendre. Impossible de rien visiter ni démonter, car on nous a dit d'être prêts à partir en deux heures. Moi, j'ai dormi pendant près de trente-six heures. J'avais ma part. Fourgues est très gentil pour moi. Il se rattrape sur les réservistes. Qu'est-ce qu'il leur passe ! Au fond, il a raison. Tous ces gaillards croyaient se la couler douce, et il faut un peu leur remonter l'horloge.

Tu peux dire que tu as de la veine, que je t'écrive si long. Mais je m'ennuie, et je voudrais savoir ce que tu deviens avec les camarades. Un bateau venant du Sud va passer demain, je lui enverrai la lettre à tout hasard. Je mets l'adresse de ta famille et j'espère qu'on te la fera parvenir. Veux-tu qu'on s'écrive une fois par mois comme avant ? Moi, j'essayerai et je te la serre.

5 octobre 1914,
Port de K***, Méditerranée.

Mon cher ami,

Alors toi aussi tu as été extrait de ta barque, comme Blangy ? Entre parenthèses je n'ai rien reçu de lui, pas même une carte. Sa flemme l'aura repris. Tout de même, je voudrais bien te voir sur ton cuirassé, dans une tourelle double, au poste de veille pendant douze heures sur vingt-quatre. Ce que tu dois t'ennuyer, mon pauvre vieux, toi qui me racontais, à La Nouvelle-Orléans, que tu allais bientôt commander un voilier du Chili. « Et vire de bord par-ci, et largue les écoutes par-là ! » Je t'entends encore. Te voilà canonnier. Ils doivent avoir besoin de bons observateurs sur ton cuirassé ; et je me rappelle qu'avec le sextant et la table de logarithmes, tu nous faisais la pige à tous ; le point en douze minutes, à un demi-mille près, telle était ta devise... Et puis, ça doit te gêner de ne pas pouvoir fumer ta pipe. Bah ! faut pas te frapper. Comme hourque, le cuirassé *Auvergne* est un peu là ; c'est le dernier cri, je l'ai vu lancer : tu dois être plutôt bien logé. Et puis, un de ces quatre matins tu enverras quelques pruneaux bien soignés aux Austro-Boches, du côté de Pola ou de Cattaro. Vous n'allez pas les rater, hein ! comme le *Gœben* et le *Breslau*. Tout compte fait, je ne te plains pas.

Quant au *Pamir*, on l'a laissé tanguer sur sa bosse pendant dix jours au Maroc. Nous roulions bord sur bord, malgré nos cinq mille balles de coton. Je n'aurais pas cru qu'il y a tant de levée sur cette sacrée côte. Je te recommande ça pour embarquer du matériel. Faut avoir l'œil et le bon, sans quoi tu te démolis tes palans, ton mât de charge et tout le bazar, et tu reçois le ballot en pleine figure. Ce qu'il y a de plus bête, c'est quand il n'y a pas un nuage, ni un brin de brise, et qu'il t'arrive du large des rouleaux et des rouleaux comme des maisons. Les meubles, l'office, les livres, tout dégringolait par terre. Par calme plat, tu croirais faire la mousson d'Indo-Chine.

Ils ne savaient pas quoi faire de nous, là-bas. Fourgues ne voulait plus mettre le pied à terre tellement il en râlait d'être chez les bicots au diable vauvert, pendant que les autres travaillaient en France. Quel aria pour avoir du charbon ! Il y avait sur rade un bateau allemand, un grand patouillard de la Wœrmann qui était resté épinglé lors de la mobilisation, les cales pleines et le charbon plein les soutes. Il n'y avait qu'à prendre. Ah ! ouah ! Défense de toucher au boche, pas même d'y prendre une bosse ou un prélart. Il était sacré. Il portait des bananes, des arachides ; tout ça a pourri sur place, et ça se sentait à deux milles.

Tout de même, Fourgues a fait tellement de musique pour avoir du charbon, qu'on lui en a passé. Nous ne pouvions même pas aller jusqu'à Gibraltar ! Nous avons pris dans un tas destiné au corps expéditionnaire, sur le quai. Ce qu'il a fallu de papiers, tu vois ça d'ici. Et puis on nous a compté les sacs, juste pour arriver à destination. Si le *Pamir* avait mis un jour de plus, il restait en carafe comme un voilier sur l'Équateur.

Un jour, on nous a dit de filer dare-dare sur Oran, pour embarquer des troupes d'Algérie. Au dernier moment, contre-ordre ! Deux jours après, ordre de partir pour Dakar, et de nous mettre aux ordres de la marine là-bas. On appareille, l'ancre n'était pas à poste, qu'on nous signale de mouiller où nous sommes. Cinq jours passent. Pas de nouvelles. Pas de lettres du pays. Le cafard venait, Fourgues restait dans sa chambre, à faire des réussites en jurant comme un païen. Moi, je faisais des conférences aux réservistes sur les drains, les soupapes. Muriac se serait plutôt amusé de m'entendre expliquer la mécanique. Le reste du temps, je jouais de la mandoline, mais l'enthousiasme n'y était pas. Et puis, il faut de la bonne volonté pour faire du crin-crin en s'accrochant au mur toutes les dix mesures pour ne pas s'affaler au roulis. A la fin, je jouais couché ! Un beau matin, on nous ordonne d'appareiller au trot et de faire route pour T***, à vingt milles dans le Nord. C'était pour embarquer une tribu d'Allemands expulsés du Maroc. Sale besogne, mais tout de même on était content de se dégrouiller. Mais quel infect mouillage que celui de T***. La côte droite, rade foraine, pas de tenue, de la houle, et une barre pleine de cailloux. Ça va bien. On commençait à savoir ce que c'était de rouler bord sur bord.

Il y avait à terre une cinquantaine de Boches, avec toutes leurs cliques et leurs claques. Mobiliers, pianos, des malles haut comme ça, un déménagement, quoi ! Ils se conservent bien, les Allemands au Maroc. Tous avaient dépassé l'âge militaire ; c'était écrit sur leur état civil, le plus jeune avait cinquante ans. Toi qui es physionomiste, tu lui aurais tout de suite donné trente-cinq ans. Mais les autorités nous ont ordonné de les traiter avec égards, rapport à un article du droit international, et qu'il fallait les loger non comme des prisonniers, mais comme des passagers en surveillance. Fourgues, qui n'aime pas les micmacs, a dit qu'il n'allait pas déménager l'équipage pour des Boches, et qu'ils s'installeraient sur le pont. Alors on lui a répondu de construire des abris de bois sur le pont, pour faire des dortoirs et des cabines. Il a dit qu'il n'avait pas de bois pour ça. On lui a envoyé des planches, des madriers tout neufs, avec des charpentiers militaires, et en quarante-huit heures tout le pont, depuis la cheminée jusqu'au tableau arrière, a été recouvert d'une belle cabane. On aurait dit un bateau-lavoir.

Tout ça n'était rien. Il y avait les meubles de ces messieurs, de quoi remplir un train. Les Allemands ne voulaient pas qu'il y ait de casse. Fourgues voulait les mettre en vrac, sur l'avant, amarrés avec des ficelles au-dessus du grand panneau.

— Tu vois, petit, — me disait-il en tiraillant son bouc, — il n'en restera pas gras de leurs fringues, si on rencontre un bon coup de S.-O. dans le derrière. Ça sera toujours assez bon pour faire des allumettes.

Le malheur, c'est qu'à la première fournée de déménagement, il y avait un piano. On l'élingue et on le hisse au bout du palan. Malgré le roulis, il ne rentre pas trop mal, et le voilà au-dessus du panneau. Au moment de descendre, voilà que le câble s'emberlificote sur la poupée du treuil et s'arrête, mon piano restant en l'air. Trois bons coups de roulis arrivent, mais là, tout le monde se cramponne pour étaler la pelle. Le piano fait la balançoire un coup, puis deux, et bing ! sur le bastingage bâbord. Le couvercle, le tablier se décollent. Bing à tribord ! le clavier saute, les touches blanches et noires se cavalent sur le pont, les cordes pètent l'une après l'autre, comme une mitrailleuse, et toute la boutique dégringole. Tu aurais dit un sommier crevé. Fourgues avait son petit rire silencieux qui lui secoue le ventre et le rend rouge comme une tomate. Moi je ne tenais plus de rire et l'équipage braillait de joie. Mais le propriétaire, un Boche à lunettes, a fait un foin ! Il nous a envoyé une bordée d'injures ! heureusement qu'il parlait dans sa sale langue, parce que la moutarde montait à Fourgues, qui l'aurait envoyé par-dessus bord de pied ferme, s'il avait compris un seul mot. C'était juste avant la Marne, et les Boches se moquaient de nous, fallait voir. Celui-là est parti à terre en nous montrant le poing. Nous avons vidé à la mer les débris du piano et embarqué le reste du mobilier.

Mais le lendemain on a reçu l'ordre de ranger en soute tout le matériel des Boches. C'est un petit adjudant qui est venu annoncer ça à Fourgues. Il a été bien reçu :

— J'ai du coton jusqu'à l'écoutille et je n'enlèverai pas une balle. Même si vous me donnez l'ordre écrit, je défends à mes hommes d'y toucher sans ordre de mon patron. Je ne peux pas vous empêcher d'enlever du coton, mais vous enverrez du monde.

Alors une corvée est venue de terre et l'on a débarqué la moitié de la cale. Qu'est-ce qu'il voulait en fabriquer, je me le demande. Tant bien que mal nous avons arrimé le déménagement ; il y a bien eu quelques chaises et valises qui ont piqué une tête dans la flotte, mais on n'est pas allé les chercher. Les Boches ont demandé — pas à Fourgues — et obtenu qu'on leur donne quelques balles de coton comme matelas. Pendant toute la traversée ils ont dormi comme des coqs en pâte, pendant que nous on était sur la galette de la compagnie.

Dans l'ensemble, ça s'est bien passé avec les Boches. Le premier jour ils ont voulu le prendre de haut, au premier repas. L'un d'eux, un vrai vieux, a eu le toupet de monter sur la passerelle et de dire à Fourgues qu'il n'y avait rien à manger, que les Allemands voulaient de la bière et non de l'eau, et que tous ces messieurs de Hambourg, de Leipsik et d'ailleurs étaient des gens de la haute, qui avaient aidé la France à conquérir le Maroc, qui le colonisaient parce qu'elle n'en était pas capable, et qu'ils entendaient qu'on ait des égards. Ça valait la place, de voir la tête de Fourgues pendant le laïus. Il s'était mis les mains dans les poches, pour ne pas caramboler par-dessus la rambarde l'homme à la bière. Quand l'autre a eu fini, il lui a répondu de sa petite voix calme, tu sais, quand il rage tant qu'il n'a plus l'accent :

— Le premier qui réclame, vous ou un autre, je le fourre dans la cale avec les meubles. Si la nourriture de l'équipage ne vous va pas, rien ne vous oblige à manger. Que personne de vous ne m'adresse la parole. C'est monsieur qui s'occupe de vous... et puis, f...-moi le camp de la passerelle !

Les autres ont été matés. On ne les a plus entendus. Ils faisaient leurs petites affaires dans l'étable en bois et dormaient. En voilà des gens faciles à mener, quand on leur fait peur. Le vieux me demandait poliment, quand il avait besoin de quelque chose :

— Pourriez-vous ajouter un peu de sucre au café ? Pourriez-vous nous vendre des allumettes ?

Ça, c'était pour lier conversation. Toutes les fois, après, il me demandait si c'était bien sûr que le *Pamir* allait en France.

— Pourquoi voulez-vous le savoir ?

— C'est pour savoir ; vrai, vous n'allez pas dans un port neutre ?

— Non, on va en France.

— Où ça ?

— Si vous connaissez le pays, vous le reconnaîtrez.

— Alors, je puis dire à mes amis qu'on ne va pas en pays neutre ?

A la cinq ou sixième fois j'ai raconté ça à Fourgues.

— Parbleu, tous ces farceurs sont d'âge militaire. Si on les débarque en Espagne ou en Italie, faudra qu'ils filent là-bas pour tâter du 75. Ils préfèrent une saison en France, bien à l'abri. Ils savent que nous sommes bien trop gourdes pour leur faire bobo.

Fourgues avait raison. Quand j'ai dit ça au vieux Boche, il a souri sans répondre.

On les a débarqués à *** et ils ont été se faire pendre ailleurs. Quelle chiennerie dans leur écurie ! Il a fallu laver et briquer deux jours. Ça sentait encore.

Tu penses si le patron a rappliqué par le premier train. Il commençait à se demander ce que devenait le *Pamir*. Et il n'aime pas beaucoup à perdre de l'argent. Sa première entrevue avec Fourgues a été un peu orageuse. Il n'a pas trop osé lui reprocher d'avoir fait demi-tour avant Liverpool, parce que, tout de même, ç'aurait été un peu fort de café. Cependant il a tiqué.

— Vous auriez bien pu aller à destination, deux jours de plus ou de moins ce n'était pas une affaire.

— Tout cela ne serait pas arrivé, — dit Fourgues, — si l'arbre de couche ne m'avait pas claqué en plein Atlantique. Muriac s'est fameusement débrouillé. Mais, sauf votre respect, toute la machine est déclinchée.

— Bref, — dit l'autre, — vous avez toujours vos cinq mille balles de coton.

— Cinq mille ! moins quinze cents, qui sont au sec au Maroc.

Alors, mon vieux, ça a bardé. Le patron s'est mis dans une gamme ! Il a fallu lui expliquer dix fois, lui montrer l'ordre écrit de l'adjudant et tous les papelards.

— Quinze cents balles de coton perdues ! Quinze cents balles de coton perdues ! — qu'il répétait sans cesse.

Alors Fourgues, qui en avait plein le dos de cette affaire-là, depuis le Maroc, lui a mis le marché en main, et lui a dit en pleine figure que, s'il n'approuvait pas sa conduite, il pouvait bien passer à un autre la suite du *Pamir*, de la machine, du coton, et que sans officiers ni équipage c'était un peu vert de se faire attraper. Le patron a eu peur. Il a tapé sur l'épaule du pacha :

— Nous arrangerons ça, mon bon ami. Ne vous emballez pas. C'est très bien. Tout ce que j'en disais, c'est pour les actionnaires. Je vais voir l'amiral, et puis vous êtes en règle, l'État se chargera de tout. Et puis on verra à faire affréter le *Pamir*, ou bien une autre combinaison.

Il est parti tout miel. Je sais ce que ça veut dire. Ça coûtera chaud à la princesse. Il a dû remuer ciel et terre. Le lendemain un capitaine de vaisseau est venu à bord et demanda à Fourgues combien il peut prendre de charbon.

— Trois mille tonnes !

— L'État vous prend pour porter du charbon à l'armée navale. Les chalands de charbon accosteront à midi, et vous l'embarquerez séance tenante.

— Et où le mettrai-je ? J'ai une cale pleine, l'autre à moitié de coton.

Voilà l'autre qui se met à tempêter, qu'on le fait déranger pour rien, que personne n'avait dit que le bateau était chargé, et qu'il ne savait pas où fourrer le coton, et que Fourgues aurait bien pu tout débarquer au Maroc, et que ça n'avait pas le sens commun d'avoir à faire à un bateau, ni vide, ni plein. Ils ne mâchent pas leurs mots dans la marine de guerre, quand ils parlent à ceux du commerce. Mais Fourgues l'a pris à la bonne, parce qu'il avait l'idée de pousser jusqu'à Orange, et que le reste, il s'en moquait sur l'instant. D'ailleurs, il savait que le patron réglerait tout ça bien mieux que lui, avec les autorités. Ça n'a pas traîné. Il est revenu le lendemain et a dit, qu'après entente, on viderait la cale avant du *Pamir*, qu'on y mettrait quinze cents tonnes de charbon spécial pour torpilleurs, mais qu'on laisserait le coton derrière. Après avoir ravitaillé l'armée navale, le *Pamir* ira en Angleterre décharger son coton à Liverpool, afin que tout ne soit pas perdu, et puis fera du charbon à Cardiff et ira de nouveau en armée navale.

— Comme ça mes intérêts et ceux de l'État sont sauvegardés. Je vends la moitié du coton seulement, et vous prendrez, à bon compte, un chargement de charbon à Cardiff.

Je voudrais bien savoir combien il se fait payer pour la balade au Maroc, les quinze cents balles de coton perdus, et la location du *Pamir*. Il ne doit pas y perdre, car il est parti tout guilleret, après avoir autorisé Fourgues à aller à Orange. Alors, moi, je reste tout seul : bateau, machine, chargement et tout. Quant à La Rochelle, c'est couru. Le charbon arrive demain à quatre heures du matin.

Fourgues vient de partir. C'est moi qui fais marcher la barque. Il a fallu la guerre pour que je commande. Enfin, peut-être que là-bas je te verrai sur ton *Auvergne*. On se racontera les histoires. A bientôt, vieux frère.

Cardiff, 15 novembre 1914.

Mon cher ami,

Tu ne te doutes pas que j'ai presque vu ton cuirassé. C'est quand nous sommes entrés dans l'Adriatique, au sud de Leuca. Au petit jour, j'étais de quart ; dans le Nord, j'ai vu de la fumée comme il n'y a que les navires de guerre qui savent en faire. Après, j'ai vu les mâtures et les cheminées de trois grandes barques qui allaient l'une derrière l'autre. Fourgues a pensé que c'était une division des gros qui allait charbonner à Malte. Il a l'œil, Fourgues, puisque j'ai reçu à Liverpool ta lettre datée de Malte, cinq jours après la rencontre. Je t'en reparlerai de ta lettre, mais avant, je vais te raconter les affaires du *Pamir*.

J'ai cru qu'on n'en finirait point d'embarquer le charbon à K***. Quinze cents tonnes, ça n'est pourtant pas gros, il n'aurait pas fallu beaucoup plus d'une matinée en Angleterre ou en Amérique. On te colle à quai, les wagons arrivent, on les chavire dans la cale, et quand le train est vidé, un autre arrive.

A K***, nous avons mis trois jours pleins. Autant dire d'ailleurs qu'on l'embarquait à la cuiller. D'abord, on nous a laissés sur un coffre en pleine rade, et les chalands sont arrivés à la va-comme-je-te-pousse. Il y avait dedans des corvées d'hommes qui n'attraperont pas d'ampoules ; ils fourraient le charbon dans des sacs avec la pelle, et puis on les montait à bord au bout du treuil, dix par dix. Il y avait d'autres hommes dans la cale, qui décrochaient les sacs, les vidaient en les basculant, les raccrochaient au croc, les renvoyaient dehors. Pendant ce temps, le treuil travaillait à vide. Je comprends que le charbon lui coûte cher à la marine de guerre.

Ce n'est pas tout. Le port nous avait dit qu'on emporterait du charbon spécial en briquettes, pour torpilleurs. J'attendais les briquettes. Pas du tout, il arrive dix chalands chargés de charbon en roche. Quand je dis en roche, autant dire du poussier ; il devait être là depuis quelques années, à pourrir dans le parc. Je crie au patron du remorqueur qu'il y a maldonne, que j'attends des briquettes, et que sa poussière doit être pour un autre bateau.

Il me demande si je suis bien le *Pamir*. Oui, parbleu, que je dis, vous pouvez lire le nom. Alors il répond que c'est bien pour le *Pamir* qu'il a son papier. Il ajoute que les briquettes arriveront plus tard.

Du moment qu'il y a un papier, moi j'embarque : briquettes ou poussier, c'est toujours de la marchandise. Ça a duré deux jours pour mille tonnes. Le chef de la corvée trouvait que ça allait vite. Qu'est-ce qu'il aurait pris avec le patron, si le *Pamir* avait dû payer deux jours de droit d'ancrage pour quatre pelletées de charbon.

— Alors, — je lui demande, — ce n'est pas pour des torpilleurs, ce charbon, puisque les torpilleurs ne consomment que des briquettes ?

— Vous trouverez bien, là-bas, des croiseurs ou des cuirassés. Ils mangent n'importe quoi. Et puis, ces dix chalands-là étaient en dehors, et comme on devait vous envoyer mille tonnes aujourd'hui, on a pris au plus tôt paré.

Ils ne se font pas de bile, à K***, ça, tu peux le croire. Les briquettes sont arrivées le troisième jour. Seulement, il a fallu aplatir le charbon en roche qui faisait pain de sucre, pour que les briquettes ne dégringolent pas à fond de cale. « Il ne faut pas les casser, disait le chef de corvée, ça les abîme. » Seulement, le dessus des chalands de briquettes était bien arrimé, tout droit, bien propre, avec des briquettes entières. D'ailleurs, c'était du beau charbon, Grand-Combe, Lens, le dessus du panier. Mais après deux ou trois rangées, rien que des épluchures, des morceaux gros comme le poing ; dans le fond, de la vase, qu'il a fallu embarquer tout de même, parce que l'ordre est de renvoyer les chalands bien raclés. Si tout le monde les racle, pourquoi y a-t-il un fond de vase ? Ça fera du propre dans les chaudières de torpilleurs. Tu te rappelles les caisses d'oranges qu'on avait achetées à Carthagène : le dessus épatant, le dessous pourri ? C'était pareil pour leur charbon.

Fourgues est arrivé à sept heures du soir, et l'on est parti à huit. Maintenant, il s'en fiche. Il a vu son monde à Orange et trouve que tout va bien. Il a rapporté des calissons d'Aix, des confitures d'Apt, et un baril de marc. Pendant tout le voyage, il ne s'est presque pas mis en colère ; et puis, il m'a promis, parole d'honneur, que ce serait mon tour la prochaine fois. Avec ses défauts, ce n'est pas un menteur. Avant trois ou quatre mois, j'irai faire un tour au pays. J'aurai peut-être mis de côté de quoi me marier. Enfin, on verra.

Ça va mieux tout de même. A K***, la marine nous a passé un quartier-maître de timonerie réserviste. C'est un patron des bateaux de la Seine, et il s'est vite mis à la coule. Jusqu'à Liverpool, on a fait le quart à trois, et l'on a pu souffler. Pendant ce temps j'apprenais au contrôleur de tramway les règles de navigation, les feux, les sifflets.

De Liverpool à Cardiff, il a fait le quart sous la surveillance de Fourgues. Il est assez débrouillé. On va lui donner le quart en chef pour le retour et tu pourras dire que ton vieux copain commence à souffler.

A K***, il y a un ingénieur qui est venu voir notre arbre cassé et la réparation. Il a trouvé que c'était un peu rustique, c'est son mot, et nous a fait faire un beau collier bien poli, bien tourné, avec butoir et vis-frein. C'est bien trop fignolé pour être solide. Tout ça commence à jouer. Au premier coup de tabac, les deux morceaux d'arbre se remettront à tourner à part. Heureusement, j'ai gardé les manchons de Muriac.

Le *Pamir* avait ordre de faire route pour Anti-Paxo. Il a fait ses bons dix nœuds et l'on est arrivé sans trop de peine. Les réservistes commencent à s'y faire. J'ai oublié de te dire qu'on avait changé les tubes crevés de la chaudière 3. Elle n'est encore pas fameuse, mais si l'on ne tire pas trop sur la ficelle, elle pourra attendre le retubage. On est arrivé à deux heures du matin à Anti-Paxo. Pourquoi nous fait-on naviguer avec les feux clairs, pendant que les navires de guerre sont tous feux éteints ? Nous sommes du gibier aussi bien qu'eux, et puis on ne sait pas dans quoi on marche. Pendant la dernière nuit, un temps bouché à ne pas voir l'avant du navire, j'ai senti tout à coup de la fumée qui me venait en plein visage, par tribord devant. Eh bien! mon vieux, c'était un de vos croiseurs à trente-six cheminées qui venait de me couper la route à cinquante mètres, et qui m'envoyait ses escarbilles dans l'œil. Je n'avais rien vu. Je suis resté aplati. Sans blaguer, ils pourraient bien allumer un quinquet quand ils font des coups pareils. Je sais bien que leurs officiers veillent, mais un de ces jours il y aura carambolage.

Devant Anti-Paxo, un contre-torpilleur nous a couru dessus, *full speed*. Nous avions hissé notre numéro. Il s'arrête à bâbord, à dix mètres. Son commandant avait l'air furieux.

— C'est vous le *Pamir*? Vous deviez aller à Fano.

— A K***, — répond Fourgues, — on m'a dit Anti-Paxo!

— C'est la *Marguerite* qui doit venir à Anti-Paxo. On vous a appelé toute la nuit.

— Regardez, commandant, je n'ai pas de T. S. F.

— Eh! je vois bien! Tous les mêmes ces patouillards. Enfin, venez toujours, suivez-moi. Combien avez-vous de charbon?

— Quinze cents tonnes.

— Bien! vous allez charbonner le croiseur *Lamartine*, derrière la pointe.

— Attention! c'est que le dessus de ma cale est en briquettes pour torpilleurs.

Ça n'a pas rasséréné le commandant du contre-torpilleur. Il a réfléchi et juré.

— Ah! et puis tant pis. Le *Lamartine* attend depuis hier, et il faut qu'il reparte aujourd'hui pour le Nord. Il prendra vos briquettes. Demain vous passerez votre charbon en roche à un autre.

— *All right!* — dit Fourgues.

Et l'on se met en route pour accoster le *Lamartine* qui attendait sous la pointe, en dérive, sans même avoir jeté un pied d'ancre.

A mille mètres, il nous oblige à stopper, parce qu'un officier du bord venait en vapeur sur le *Pamir* pour aider à la manœuvre. Ils auraient pu le garder. Nous n'avons qu'une hélice, nous, et pas trois comme les croiseurs; le *Pamir* avec ses trois mille tonnes dans le ventre ne tourne pas comme un toton. L'officier a voulu s'en mêler. Fourgues a commencé par chanter, et puis il s'est dit qu'en temps de guerre la marine marchande doit se ramasser. Quand il a vu que ce ne serait pas grave, il a laissé faire l'autre.

—En avant ! en arrière ! à droite toute ! Mais il n'obéit pas votre bateau… Le voilà qui se met en travers… à gauche ! Encore ! En arrière ! en arrière ! Bon Dieu !

Baoum ! Tu parles qu'il s'est arrêté, le *Pamir*. Il a de la veine d'avoir une cuirasse, le *Lamartine*. On lui serait rentré dedans jusqu'à l'emplanture des mâts. Et puis ça s'est tassé ; on a cassé les deux premières aussières, des neuves en acier, on a raclé un peu. En ont-ils des histoires qui débordent, tes bateaux : tourelles, canons, bossoirs, passerelles !

Le *Pamir* a tout ramassé avec son canot de sauvetage, à tribord. Il est tombé entre nous et lui et il a éclaté comme une noix. Ça a amorti le choc, mais nos deux supports d'embarcation ont été tordus, et nous ne sommes pas près d'avoir un autre canot à cet endroit-là.

Le croiseur a commencé à embarquer son charbon à sept heures du matin, et à trois heures du soir il avait avalé ses mille tonnes, briquettes d'abord, roche ensuite, intervalle du repas compris. Comment ont-ils pu faire, les matelots de l'équipage, je me le demande encore. Tu peux dire que ce sont des merles. Dire qu'ils avaient trente jours de croisière dans les jambes et qu'ils ont arraché cela en sept heures ! S'ils sont comme cela sur l'*Auvergne*, tu peux te vanter d'avoir quelque chose de bien comme équipage. Ce que je voudrais savoir, c'est si sur ton bateau les ingénieurs ont passé leur temps à compliquer l'entrée du charbon. Ils n'ont pas dû en passer souvent des briquettes avec leurs mains, sans quoi ils se seraient arrangés pour faire autrement que si l'on voulait emménager des meubles par les tuyaux de cheminée.

J'ai voulu suivre un envoi de charbon depuis la cale du *Pamir* jusqu'aux soutes du *Lamartine* ; autant valait trouver la sortie dans le palais des glaces du Crystal-Palace. Seulement, là, c'était plus sale.

Et puis, est-ce que vous trimballez aussi le charbon sur l'*Auvergne* dans des couffins en vannerie, comme ceux où les nègres des Antilles portent des ananas ? Autant dire qu'on veut vider le Mississipi avec un chalumeau de cocktail. Les couffins crèvent, ça éreinte les hommes, et tu parles d'une poussière. Les Anglais et les Boches font mieux que cela, il faut le reconnaître. Avec leur temperly, le charbon monte comme un ascenseur, et puis les chemins de soute sont moins biscornus. Enfin, j'attends les détails que tu m'enverras ; peut-être que je me trompe.

Le *Lamartine* nous a envoyés mouiller pour la nuit sur un plateau de rochers, disant que demain un autre croiseur nous prendrait le reste. A peine le temps de dire ouf, il était parti dans la brume.

Fourgues est allé mouiller, et au trot, bien content de souffler un peu et de fumer une pipe tranquille.

On s'est débarbouillé, il a fait monter sur la passerelle un boujaron de marc qu'on a mis dans du café, pour se rincer le charbon de la bouche, et l'on a bavardé jusqu'au souper. La brume s'est levée pour le coucher du soleil et alors on est resté épaté tous deux. Tu as de la veine de voir ça tous les soirs. Fourgues a voulu faire le malin et dire que sur la vallée du Rhône et à Marseille, les jours de mistral, c'est mieux que ça au coucher du soleil. Il crânait. Moi, je sais que ça enfonce les Antilles et le golfe du Bengale ; il n'y a pas plus de lumière et pas autant de couleurs vives, mais on dirait du velours. D'ailleurs, je suis bien bon de te raconter ça, toi qui l'as vu depuis trois mois ; mais je serai bien content d'y retourner pour regarder ces soirs-là en pensant au pays.

Le lendemain matin nous attendions un croiseur pour le charbon en roche. Il est arrivé une escadrille de contre-torpilleurs, qui se sont accrochés tous ensemble au *Pamir*. Bien manœuvré : une amarre ici, une défense là, et les voilà tous, bien sages, collés devant et derrière. Le chef de l'escadrille monte à bord et demande Fourgues. Il n'avait pas dû ôter ses bottes depuis longtemps, ni se laver beaucoup ; il avait des escarbilles plein la barbe et les yeux tout rouges. Quand il a su que le *Lamartine* avait pris le charbon spécial et qu'il ne lui restait que du charbon en vrac, il a fait une tête :

— Voilà trois fois que ça recommence. Ça m'encrasse les grilles et ça fait une fumée d'enfer. Et l'on nous demandera de donner vingt-cinq nœuds avec cette saleté !

Mais il fallait qu'il reparte à midi pour prendre le barrage au soir, je ne sais plus où, et il a fait embarquer le charbon. Ceux-là, des contre-torpilleurs, je les plains encore plus que ceux des croiseurs. Ils n'ont même pas la place de remuer main ni patte, et qu'est-ce qu'ils doivent encaisser comme coups de chien !

Il nous restait cent tonnes de charbon, quand les six fiots ont fini le leur. Fourgues aurait bien voulu partir vide, car ça ne ressemble à rien de remporter du fret. Mais il paraît qu'aucun navire ne devait charbonner là avant cinq jours, et comme ce n'était pas la peine que le *Pamir* remonte au Nord avec si peu de charbon, le commandant en chef nous a transmis l'ordre, par T. S. F., reçu par le chef d'escadrille, de poursuivre pour notre destination.

— Tu vois, mon petit, — a dit Fourgues, — le croiseur a pris le charbon des torpilleurs, et les torpilleurs le charbon des croiseurs. C'est la vie.

Les contre-torpilleurs sont partis, nous avons rempli nos ballasts avant, car tu penses si nos deux mille cinq cents balles de coton nous enfonçaient derrière, et l'on a appareillé pour Liverpool. Ça a été une balade de pères peinards. Fourgues n'avait pas peur de manquer de charbon avec les cent tonnes qu'on promenait gratis, et nous étions trois pour faire le quart, en comprenant le bonhomme des bateaux parisiens qui, entre parenthèses, a un petit bagage d'histoires qui enfonce celles de Fourgues.

A Liverpool, le pilote nous a remis un télégramme du patron qui disait qu'après entente avec le consignataire, il fallait passer le coton au *Karl-Kristian*, un grand cargo norvégien amarré devant Birkenhead. Quand on a pu s'amarrer contre, sais-tu ce que le capitaine a dit à Fourgues ? Je te le donne en mille ! Que le *Karl-Kristian* allait emporter les deux mille cinq cents balles de coton et quatre mille avec à Copenhague : tu penses si ça va rester en Danemark ! C'est la première fois que Fourgues s'est mis en colère depuis K***, et il a dit que, s'il avait su, il aurait plutôt envoyé tout à l'eau au Maroc, quitte à prendre les meubles de cent mille Boches, plutôt que de leur avoir apporté sur un plat de quoi fournir d'obus un corps d'armée. Tu dois avoir lu la conférence de La Haye, toi mon vieux, sur ton cuirassé ; si tu peux me dire pourquoi c'est défendu de vendre du charbon aux Boches, et pourquoi le coton n'est pas contrebande de guerre, tu feras plaisir à moi et à Fourgues. Si les Allemands avaient notre place sur mer et nous la leur, je crois que ça n'aurait pas traîné l'embargo du coton.

Le *Pamir* n'a pas moisi devant Birkenhead. Dans la journée le *Karl-Kristian* a gratté nos deux mille cinq cents balles de coton. Mais Fourgues en a profité pour faire visiter par le scaphandrier des constructeurs — le *Pamir* a été fait là — l'hélice qui n'avait pas l'air de tourner bien rond. C'est là qu'on a su qu'un bon morceau de métal de l'hélice était resté dans l'Atlantique, sans compter trois écrous du moyeu décapités. Fourgues aurait bien voulu réparer ça sur place, mais le chantier lui a dit qu'on était débordé, à cause de l'amirauté qui active la construction, et que si le *Pamir* pouvait aller jusqu'à Cardiff, il y trouverait à la succursale une hélice de rechange et des monteurs. Comme la balade était courte, on est parti le soir même, sur lest, et ce matin on a fait piquer du nez le *Pamir*. Les monteurs ont installé un radeau sous l'hélice qui est juste au ras de l'eau, et ils auront fini demain. On chargera le charbon, et en route.

Comme il n'y avait rien à faire à bord pendant ce travail, Fourgues a donné campo à toute la clique, qui ne se l'est pas fait dire deux fois, et m'a invité à déjeuner au *Welsh Lion* ! Ça nous a ragaillardis de boire de la bière fraîche et de manger du pain du matin. Comme on était de bonne humeur, j'ai lu à Fourgues ta lettre partie de Malte, et que j'avais dans ma poche depuis Liverpool. J'espère que tu ne m'en veux pas. D'ailleurs il a dit :

— Ils ont de la veine sur l'*Auvergne*. Avec un petit bonhomme comme ça sur la passerelle, le commandant peut dormir sur ses deux oreilles.

Alors tu peux croire que ça l'a assis de savoir que tu faisais la veille dans une tourelle, et que, quand tu mettais le pied sur la passerelle, tu n'avais que le droit de te taire. Tout ce que tu as écrit l'a beaucoup intéressé. Fourgues a l'air un peu brusque, comme ça ; il ne parle pas beaucoup, sauf quand il jure ; mais quand il se déboutonne, il n'y a qu'à l'écouter, parce que je me suis aperçu que tôt ou tard on voit qu'il avait raison.

— Pas mal la lettre de votre ami, — a-t-il dit, quand j'ai eu fini. — Il s'intéresse à ce qu'il fait, et il n'y a que ça en dehors de la vie de famille. Seulement, il m'a l'air de croire que c'est arrivé sur son *Auvergne*. C'est le milieu qui veut ça. Il ne jure que par le canon. Il ne rêve que plaies et bosses. Très bien. Faudrait tout de même voir s'il n'y aura que le canon dans cette guerre sur l'eau. Au train dont vont les choses, j'ai comme une idée que les Boches ne l'entendent pas comme ça. Quant aux Autrichiens ! Enfin, on verra… Tiens, petit, viens faire une partie de billard à poches en buvant un whisky. Ça nous dégourdira les doigts et les jambes. Tu me diras ce que tu penses de cette lettre, et on verra si nous sommes du même avis.

Moi je joue au billard comme une mazette, surtout sur cet énorme billard anglais. Fourgues m'a rendu cent points sur cinq cents, et il a gagné en sept séries. Je le regardais faire. Jamais je ne l'ai vu si content. J'ai essayé de placer quelques mots sur ta lettre, mais il a parlé tout seul tout de suite. Je ne vais pas te raconter depuis *a* jusqu'à *z*. Ça a duré une heure. Il m'a posé des tas de colles, et, comme je ne savais pas quoi répondre :

— Demandez-lui donc ça et ça à votre canonnier de l'*Auvergne*, — disait-il en passant la craie sur le procédé.

Eh bien ! mon vieux, je m'exécute. Tu pourras répondre directement à Fourgues, si ça t'amuse… Je ne serai pas jaloux et ça lui fera plaisir.

« De deux choses l'une, — a-t-il dit : — ou bien l'armée navale veut se battre avec les Autrichiens, ou elle ne veut pas. Si elle veut, pourquoi fait-elle le blocus du canal d'Otrante ? Quand on veut tirer un lapin, on le laisse d'abord sortir de son trou, on se met entre le trou et le lapin, et on lui envoie un coup de fusil. Encore ne faut-il pas se mettre d'abord devant le trou. Le lapin ne sortira pas. Je ne sais pas où sont les Autrichiens, à Pola ou à Cattaro ou ailleurs, mais est-ce qu'ils vont sortir, quand ils savent que l'armée navale se balade devant chez eux, à quatre contre un ? Il vaudrait bien mieux rester au port par là dans les environs, avec un ou deux bateaux sur le canal qui n'est pas si large, les laisser sortir s'ils en ont envie, et leur tomber dessus.

« Le compte serait réglé en une heure, et le blocus serait fini. Au lieu de cela, on éreinte des bateaux, des hommes, pendant que les Autrichiens restent chez eux, à entretenir leurs machines et faire des exercices de tir, et être frais comme l'œil le jour où ils voudront.

« Et puis, à quoi est-ce que ça sert de remonter l'Adriatique en grand tralala. Tout le monde sait qu'aujourd'hui les bateaux de guerre ne peuvent pas approcher des côtes ennemies à cause des mines. Le commandant du *Lamartine* me disait l'autre jour qu'ils ne doivent pas dépasser les fonds de cent mètres. Les fonds de cent mètres, ça fait dix ou vingt ou trente milles au large. Ce n'est pas de là qu'ils bombarderont les arsenaux et envahiront l'Autriche. Tout ce qu'ils y attraperont, c'est un sous-marin qui leur enverra une torpille, ou une mine en dérive. Si encore il y avait un résultat, mais je n'en vois guère. Au fond, avec l'idée de se battre, ils m'ont tout l'air de faire ce qu'il faut pour ne pas y arriver. D'ailleurs, si tu as lu les journaux anglais, tu peux voir que c'est pareil de ce côté-là. Enfin, qui vivra verra. Écris toujours cela à ton ami, avec le bonjour de ma part, et demande-lui ce qu'ils en pensent sur l'*Auvergne* et les autres bateaux. C'est peut-être une idée de vieux dur-à-cuire, qui n'a pas fatigué les livres de tactique, mais ça ne doit pas être si loin que ça de la vérité ! »

Fourgues a dit bien d'autres choses, mais j'en ai assez pour aujourd'hui. Demain trois mille tonnes de charbon, et, à la nuit, en route ! Si l'on n'a pas reçu de nouvelles instructions, on retourne charbonner l'armée navale. Mais peut-être que le télégramme arrivera dans la journée. Au revoir, mon vieux. Je vais jouer un air de mandoline sur le pont, et tu peux être sûr que je ne penserai pas à toi.

Alexandrie, 12 février 1915.

Mon cher ami,

Je te demande pardon d'être resté si longtemps sans t'écrire, pas même la bonne année. Tu sais pourtant que j'ai pensé à toi, mais, vrai de vrai, on n'a pas eu le temps de moisir. Si je me rappelle, on était à Cardiff à ma dernière lettre, et l'on croyait repartir pour le canal d'Otrante. Mais on a reçu contre-ordre. La flotte anglaise a besoin d'un tas de charbonniers dans la mer du Nord, et elle en manque. Au début de la guerre, ils ont dit que leur devise serait : « *Business as usual*[5] », et les youms ont laissé les patouillards continuer le commerce pour ne rien déranger. Comme ça se tire en longueur, ils ne peuvent plus assurer le ravitaillement partout. Bref, le *Pamir* est parti pour le Sénégal, le Togo et le Cameroun, où il y a une escadre franco-anglaise qui avait besoin de charbon.

[5] Les affaires comme à l'ordinaire.

Ça s'est bien passé au départ, mais au cap Finisterre, on a pris un coup de tabac. Le *Pamir* était plein jusqu'à la gueule, et il rentrait dans la plume, fallait voir. On a été lavé pendant trente-six heures. Le malheur c'est que l'arbre s'est remis à faire des siennes, et qu'on a vu le moment où le manchon réparé à K*** allait nous fausser compagnie en pleine tempête. Fourgues a réduit tant qu'on a pu, juste pour ne pas tomber en travers à la lame, et il est allé à Cadix pour mettre en place les colliers faits par Muriac. Ça n'a pas marché sur des roulettes, la réparation, parce que mes hommes n'y entendent goutte, et moi guère plus. On a profité de l'escale pour faire de l'eau et des vivres. Vrai, ce n'est pas drôle d'être Français en Espagne. Partout, on nous lançait des yeux et on nous ricanait dans le dos. Les Boches sont bien installés ; leur gouvernement les soutient, tandis que Fourgues a plutôt été mal reçu. Et puis tous les Français ont été rappelés à la mobilisation ; il n'y a plus personne pour nous représenter. Toutes nos affaires sont à vau-l'eau. Les Boches en profitent ; ils préparent la fin de la guerre, et sérieusement. Il ne faut pas croire qu'ils restent tous là. Il y a des gros bateaux qui partent, de Barcelone ou d'ici, remplis d'Allemands qui vont en pays neutre, et de là, en Allemagne. Ça ferait une belle rafle si on leur courait après. J'espère que tu me diras si on en a pris. Tu dois le savoir ; moi je sais pas grand'chose. On a assez affaire à bord, et les journaux disent des bêtises. D'ailleurs, une fois parti d'un patelin, on pense à autre chose ; mais il n'y a qu'à se promener sur les quais pour voir les bateaux qui sortent avec les Boches. Avec un informateur, la France saurait l'heure et le jour du départ, et un navire de guerre les cueillerait au sortir des eaux espagnoles.

Puis le *Pamir* est descendu jusqu'à Dakar. Il a fait toute la côte, Gorée, Sierra-Leone, Porto-Novo, en laissant du charbon un peu partout, des fois à des canonnières, des fois à un croiseur ou à quai. Ça me rappelait les vieux voyages de commerce, où l'on fait des bouts de traversée de port à port, qu'on débarque trois tonnes et qu'on prend cent barriques. Seulement, là, rien à faire pour la marchandise. Partout il y avait des ballots, des régimes de bananes, de l'ivoire à prendre, est-ce que je sais ? Fourgues se rongeait les sangs de voir tout cela moisir, alors que le *Pamir* avait de la place de quoi ramasser toute la côte. Mais il avait beau demander, partout on a refusé, parce qu'il est au service de l'État. On est revenu à vide. Rien qu'avec les bananes on aurait payé le retour. Tout ça ira en port neutre, et de là je sais bien où. On a vu pas mal de monde là-bas qui demandait les nouvelles et les détails. Les confitures de Fourgues et le marc y ont passé, parce qu'il invitait les pauvres diables qui s'ennuyaient. Il y en a qui avaient trois ou quatre ans d'Afrique et c'était leur tour de rentrer au pays. Ils sont obligés d'y rester. D'ailleurs, il paraît que ça va bien, et que le Togo et le Cameroun ne feront pas long feu. Mais les Boches avaient préparé leur coup de longue main, car on a trouvé au fin fond de la brousse des canons et des mitrailleuses dernier modèle et des tas de munitions. Malgré ça, tout le monde dit que le pays sera bientôt purgé, et ça fera toujours deux belles colonies de moins pour eux. Les Anglais leur ont pris pas mal de bateaux, et les officiers de leur marine à qui on a causé disaient que ça ferait un beau magot de part de prise. Quand on leur a dit que chez nous, depuis la guerre, on avait supprimé les parts de prise, les gratifications et tout, ils ont cru qu'on leur racontait des histoires. Comme ils disent, toute peine mérite salaire, et on se grouille un peu mieux quand il y a une récompense au bout. Il y en a même un qui nous a dit que nous étions des jobards, et que nous serions obligés d'y revenir. Fourgues a voulu le ramasser, mais ce n'était pas de bon cœur, parce qu'il m'avait déjà dit qu'il pensait la même chose.

En repassant à Dakar, on nous a donné l'ordre de toucher à Casablanca pour y attendre des instructions ; nous avons cru que ça allait refaire comme en août. Pas du tout. Il y avait là deux mille tonnes de céréales destinées au Monténégro, qui claque du bec. On les a embarquées avec des barcasses comme les meubles des Boches, seulement c'était un peu plus calé. En plein décembre, il y a quelque chose comme levée. Je passais mon temps à me dire : « Ça y est, cette barcasse chavire dans la barre », et puis elle passait. Ils connaissaient le truc, les bicots. Fourgues était content d'avoir quelque chose dans le ventre du *Pamir* et de ne pas partir sur lest. Il avait peur qu'on ne nous envoie pas au Monténégro.

— Tu vas voir, petit, qu'on va nous faire débarquer tout ça et retourner au charbon.

Il n'aime pas le charbon, parce qu'il dit que quoique ça tienne les dents propres et soit bon pour l'estomac, on ne peut pas avoir de chemises et de mouchoirs propres. Mais on nous a envoyé à Oran, pour compléter le chargement avec des chaussures, des couvertures, et toutes sortes de matériel d'habillement. Il faut qu'ils soient rudement sur la paille, au Monténégro.

Enfin, le *Pamir* a passé quelques heures à Bizerte pour prendre de l'essence pour l'armée monténégrine. Tout ça nous a pris du temps, quoiqu'on n'ait pas moisi dans les ports, et dans la plus mauvaise saison de l'année. Je n'aurais jamais cru que la Méditerranée soit si mauvaise. C'est pire que l'Atlantique et les mers de Chine. Pluie ou vent, vent ou pluie, et une mer hachée tout le temps. Fourgues encaisse ça et se paye ma tête.

— Eh ! petit ! Tu vois qu'on a tort de chiner le Midi. La Méditerranée, vois-tu, c'est grand comme une tasse, mais il faut être malin pour la traverser en long, en large, sans recevoir quelque saleté. Tiens, regarde celle-ci, et celle-là !

Qu'il y ait des lames plus hautes que la cheminée là où elles ont le temps de prendre du champ, je comprends, mais trouver ça en Méditerranée, ça me passe. Toi, mon vieux, tu es tranquille dans ta tourelle, mais la passerelle du *Pamir* n'est pas souvent sèche.

Le rendez-vous était à l'ouest de Fano, à dix milles, et le *Pamir* y est arrivé vers midi. De loin, nous nous sommes demandé ce qui pouvait bien arriver. On pensait voir un contre-torpilleur, peut-être un croiseur, et vous étiez cinquante ou soixante bateaux. On voyait la fumée à trente milles, et il arrivait tout le temps d'autres bateaux. C'est la première fois que je voyais l'armée navale au grand complet, tous les cuirassés, croiseurs et torpilleurs. Il n'y a pas à faire le malin, ça a de l'œil. J'ai cherché ton *Auvergne*, mais elle n'était pas là. Qu'est-ce que tu faisais ? Ça m'intéressait tellement de voir les signaux à bras, les pavillons et tous les canots qui allaient d'un bateau à l'autre, que j'ai oublié de t'écrire un mot pendant la demi-heure qu'on est resté stoppés dans le tas. Je me demandais ce que vous faisiez tous là, arrêtés sans rien faire, et ce n'est qu'à la fin que j'ai vu le courrier, que me cachait un grand croiseur, et j'ai compris pourquoi il y avait tant d'embarcations à courir. Ça ne fait rien, il n'a pas peur, l'amiral, de rester là en plein jour, tous ensemble, sous le nez des Grecs.

Dès qu'on a été stoppé, un vapeur est venu prendre Fourgues et l'a conduit à bord de l'amiral, où il n'est pas resté quinze minutes. Quand il est revenu, il a grimpé l'échelle au galop.

— En route, petit, tout de suite, cap au Nord. Mets-toi derrière ce contre-torpilleur pendant que je vais ouvrir mes ordres.

Il est allé lire son enveloppe cachetée et je suis passé tout seul, fier comme un caban derrière mon contre-torpilleur, au milieu de tout votre acier. Tout de même c'était un peu vexant de n'avoir pas su qu'on tomberait sur le courrier. Toi, passe encore, mais ils auront cru que j'étais noyé au pays ; ils sont restés au moins un mois sans lettre.

Quand Fourgues est arrivé sur la passerelle, j'attendais qu'il me raconte, et je commence :

— Eh bien ! commandant ?...

— Marche toujours, petit !

Il va se coller près du taximètre en tapotant la rambarde, le sourcil froncé. Je voyais bien qu'il y avait un cheveu, mais c'était pas la peine de s'en mêler. C'est moi qui aurais écopé, tandis que comme il n'a plus que moi à qui parler, j'étais sûr que ça sortirait avant peu.

Il est redescendu et a donné des ordres pour doubler la veille, deux hommes devant, un derrière. Puis il a dit que tant qu'on remonterait et qu'on descendrait l'Adriatique, c'est lui et moi qui ferions le quart en chef, que les autres nous doubleraient, sauf pendant les repas qu'on continuerait à faire ensemble, mais dans la chambre de navigation. Après, il est resté à ruminer sans dire pipe jusqu'au dîner.

Moi je n'ai pas ouvert le bec. Je commençais à être épaté de voir cette tête à Fourgues au moment de faire quelque chose d'intéressant. Il est plutôt casse-cou. Enfin il a éclaté :

— Il faudrait tout de même qu'on s'entende. Sais-tu ce qu'ils m'ont demandé, petit, sur ce cuirassé-là ?

Pas de danger que j'ouvre la bouche.

— Eh bien ! ils m'ont demandé pourquoi je n'ai pas la T. S. F., et pourquoi je n'ai pas un tonneau de vigie à la pomme du mât, et si j'ai une colonne de signaux lumineux, et comment je communiquerai la nuit avec eux et avec le contre-torpilleur, et pourquoi par-ci, et pourquoi par-là. Ils n'ont qu'à donner des ordres, bon Dieu de bois ! Je ne demande pas mieux qu'on le grée de tout les apparaux de la création, le *Pamir*, avec des chaudières neuves et un arbre entier par-dessus le marché. Mais tu vois ça, toi, d'avoir l'air de m'attraper !... Je ne suis pas un cuirassé, moi... Alors, j'ai demandé à mon tour à celui qui me posait encore une colle, un frégaton : « Et vous, qu'est-ce que vous faites là stoppés ? Vous attendez une torpille ? » Il s'est fichu à rire. Il a appelé les autres et ils m'ont regardé comme une bête curieuse. Il y en a un qui a daigné m'expliquer. Les sous-marins c'est pour la défense des côtes. Jamais ils ne descendront jusqu'à Fano. Il ne faut pas se faire des épouvantails ; on peut naviguer tranquille. Là-haut, peut-être, il faudra ouvrir l'œil, mais au large, quelle bonne blague !... C'est tout de même un peu fort de croire que Fourgues a peur... Je ne sais pas ce que je leur aurais dit, mais l'amiral est arrivé :

« — Ah ! c'est vous le commandant du *Pamir* qui allez au Monténégro ! Vous avez plus de veine que moi ; vous n'avez pas peur au moins ? »

« J'allais lui répondre, moi, mais il est parti sans même attendre, et dès qu'on m'a donné mon pli cacheté je suis rentré dare-dare. Ici je sais ce que je fais, et personne ne m'apprend ma leçon. Qu'il me la donne la T. S. F., voilà dix fois que je la demande à l'armateur et chaque fois il me regarde comme si je lui demandais la lune. Ah ! et puis, j'oubliais, à la coupée, il y avait un petit lieutenant de vaisseau. Je lui demande ce que j'ai à faire si je vois un sous-marin, et si c'est avec mes deux poings que je lui répondrai. Celui-là encore m'a regardé comme un phénomène, et puis il a haussé les épaules et s'en est allé rire avec les autres. Non ! mais vois-tu ça, petit ?

Ça lui faisait du bien à Fourgues de s'être soulagé. Il a allumé sa pipe et a avalé un verre de rhum, du bon des Antilles.

— Va te coucher, petit, et tâche de bien dormir jusqu'à minuit, parce que demain ce n'est pas la peine d'y compter. Nous allons à Antivari, on arrivera à la nuit. On repartira au jour, et il faudra que toute la camelote soit envoyée à terre. Heureusement, les nuits sont longues. Ils verront bien si le père Fourgues a du jus de navet dans les veines.

C'est pas très folichon de remonter la côte d'Albanie. Il y a autant de végétation que sur ma main, et quand le vent se met à dégringoler de là-haut, ce n'est pas pour rire. Nous avons attrapé un de ces coups de bora, à arracher les mâts de leurs emplantures... Je ne sais pas comment le contre-torpilleur a fait pour ne pas chavirer. Chaque fois qu'on pouvait le voir entre deux lames, il était couché à droite ou à gauche. Quant au *Pamir*, il en a tant vu que ça ne lui enlève même plus de peinture, il n'en reste plus.

En serrant la terre, on est arrivé au lendemain soir devant Antivari. Le torpilleur toujours devant montrait le chemin. Le vent était tombé, mais ce n'était pas fameux, et puis pas un lumignon. Fourgues est rentré là dedans comme en plein jour, et on ne voyait ni la côte, ni le wharf. Tu aurais cru qu'il entrait dans le bassin de l'Eure, au Havre, avec remorqueur devant et derrière.

Il y avait tout de même du monde sur le wharf, des Monténégrins qui ont reçu les amarres et ne les ont pas tournées trop bêtement. Le *Pamir* a pu se déhaler dessus, et l'on n'a rien cassé en accostant. Comme des diables, les indigènes ont sauté à bord. Dans leur charabia, ils ont dû demander à manger, car dès qu'on a sorti le premier maïs, ils se sont jetés dessus et en ont rempli leurs poches.

Comme travail de nuit, je te recommande ça. Défense d'allumer un lampion, défense de faire marcher les treuils, défense de crier. On jetait par-dessus bord sur le wharf sans savoir où ça tombait. Tant pis pour qui était dessous. Ceux qui étaient à terre crochaient dedans comme ils pouvaient, et tiraient ça dans les hangars ; essence, chaussures, couvertures, sacs de maïs, tout ça déballait. On n'a tué personne, je me demande comment on a fait, même pas les avions autrichiens qui sont venus à deux heures du matin et ont lâché quatre ou cinq bombes. Elles ont éclaté tout autour, sauf une qui est tombée dans le maïs sans sauter, et que Fourgues a jetée à l'eau comme si ç'avait été un bout de cigarette. Seulement, dès qu'ils ont entendu les avions, tous les indigènes se sont trottés comme des lapins, et il n'y a pas eu moyen de les faire revenir : en voilà qui aiment la nourriture toute servie. Le contre-torpilleur nous a envoyé du monde, et pourtant ils devaient avoir envie de dormir, après le métier de chien de ces derniers jours. Ils ont quand même arraché ça comme si c'était pour eux. C'est ce qu'on appelle tirer les marrons du feu. A cinq heures du matin, les cales étaient vidées, raclées, et le *Pamir* a filé sans demander son reste. Le contre-torpilleur est resté là, parce qu'il avait reçu un radio pendant la nuit, et il est parti pour rôdailler dans les environs. Nous avons redescendu l'Adriatique sans être convoyés ni rien ; si un mouille-ciel avec une carabine nous avait tiré dessus, on était bel et bien prisonniers, et ça aurait eu l'air fin. Fourgues grommelait, disant que tout de même un bateau de trois mille tonnes est bon à prendre et que la France n'en est pas si riche pour les larguer comme cela dans les eaux ennemies. Et puis on n'avait pas d'ordre, et Fourgues se demandait s'il fallait retourner à Cardiff, ou à Toulon, ou quoi. Bref, la vie n'était pas drôle sur la passerelle. Pour comble de bonheur, une tête de bielle se met à chauffer. Il a fallu réduire jusqu'à trois nœuds et arroser avec des seringues ; on aurait eu le temps d'être coulés dix fois. On a mis cinquante heures pour redescendre, avec du gros temps sur le nez. Fourgues voulait passer à l'intérieur de Corfou pour trouver du calme et mouiller si la bielle ne voulait pas refroidir ; mais comme on allait s'engager dans la passe Nord de Corfou, toute une escadrille de torpilleurs nous arrive dessus et nous fait signe de passer par le large. « Les bateaux français, a crié l'un des porte-voix, ne doivent pas aller en eaux grecques. » Pourtant le *Pamir* n'est pas un navire de guerre.

L'autre a continué à causer. Il paraît que toute l'armée navale a cru que le *Pamir* était coulé ou torpillé, et qu'on nous cherche partout depuis vingt-quatre heures. Le contre-torpilleur qui était avec nous à Antivari avait reçu l'ordre de redescendre et de tâcher de nous trouver pendant que d'autres remonteraient en rideau. Notre compagnon qui était parti en recherche à toute vitesse nous a dépassés, comme tu penses, sans nous voir, puisque nous avions longé la terre pour trouver de l'abri, et il a reçu le matin, par T. S. F., un savon de première du commandant en chef. Ça a un peu ennuyé Fourgues de savoir ça :

— Et puis, tant pis ! — a-t-il conclu, — s'ils nous mettaient la T. S. F., ça n'arriverait pas !

On nous cherchait aussi pour nous dire d'aller à Alexandrie, où nous sommes arrivés avant-hier. Nous ne savons pas encore pourquoi, mais je crois que c'est à cause d'une expédition du côté de Constantinople. Fourgues est assez content, parce qu'il dit que ce sera drôle de mouiller en vainqueur là où il a mouillé des milliasses de fois avec de la camelote. Pourvu que ça soit vrai ! Il passe son temps maintenant à me raconter le Bosphore, les détroits de la mer Noire, que je n'ai jamais faits.

Il dit qu'avec du cran, l'affaire est possible, qu'il faut surprendre et ne pas s'arrêter, et qu'en trois jours les Turcs sont cuits. « Seulement, ajoute-t-il, c'est pas tout de dire qu'on y va, il faut y aller. » En attendant, on se repose. Les Anglais sont très gentils et je t'assure qu'on ne se fait pas de bile à Alexandrie. L'équipage en profite. Il y a eu un peu de nez sales, mais Fourgues ferme les yeux puisqu'ils ont travaillé d'arrache depuis trois mois, et que c'est la première fois qu'on déboucle le ceinturon. Moi je me suis mis à faire du courrier, comme tu vois. Mais je voudrais avoir des livres. Depuis le mois d'août je réfléchis beaucoup, surtout que Fourgues me fait voir qu'il y a des tas de choses que je ne sais pas. Avant je ne lisais guère que le journal, mais il me faudrait quelque chose de plus sérieux, rien que pour tenir la conversation avec Fourgues. Envoie-moi une liste, vieux frère, sur la marine et l'histoire d'Europe, et puis des choses classiques. J'achèterai ça en France. Si tu ne m'en veux pas de t'avoir abandonné si longtemps, envoie-moi un paquet de livres que tu auras finis et dont tu n'as pas besoin.

A cause de la nouvelle année, je t'embrasse.

DEUXIÈME PARTIE

Newcastle (Angleterre), 8 avril
1915.

Eh bien ! mon vieux, nous venons de prendre quelque chose de bien comme mauvais temps, là-haut dans le Nord de l'Écosse. Tu dois te demander ce que nous sommes allés faire par là, alors que je t'avais écrit d'Égypte que le *Pamir* était pour prendre du monde aux Dardanelles. Comme tu vas voir, c'est simple.

On est resté à Alexandrie juste le temps de s'y trouver bien et de prendre quelques petites habitudes : cinéma, bars, etc. Fourgues et moi nous avons été ensemble au Caire et aux Pyramides. Tu n'as pas idée comme il m'a raconté des choses sur tout cela ; je ne sais pas où il a pu en apprendre autant, et pas des blagues, tu sais ! J'ai acheté un guide après, pour voir si c'était vrai : les Pharaons, les Turcs, Bonaparte, il m'avait tout raconté comme c'était dans le guide. A ce propos, je te remercie des bouquins que tu m'as envoyés. Tu es un frère. Je les ai reçus, ici, avant-hier, et j'ai commencé l'histoire maritime de la France. C'est très intéressant. Je n'ai pas honte de te l'avouer, je n'y connaissais pas grand'chose. Seulement, d'après ce que j'ai lu déjà, ça m'a tout l'air d'être toujours la même histoire : frégates ou cuirassés, voiles ou vapeur, on dirait que ça recommence. Enfin, je te raconterai à mesure ce que j'en pense.

A Alexandrie, notre équipage a dépensé ses économies en quatre jours, et il a plutôt fait de la musique dans les rues et les caboulots ; la police en a ramené quelques-uns, mais Fourgues n'a pas voulu sévir.

— Laisse-les, petit. Les marins ne sont pas des archanges ; ils n'ont qu'à venir un peu à bord du *Pamir* pendant seulement trois mois, les flics, et on verra un peu s'ils boiront de l'eau de seltz après ce bout de temps. Quand nos lascars n'auront plus le sou, eh bien ! ils resteront tranquilles et on leur fera donner un bon coup de souque.

Voilà comment il est, Fourgues. A la mer, il fait marcher son monde, à coups de poing si ça ne barde pas assez ; mais quand il n'y a rien à faire, il fiche une paix royale. Il faut croire que c'est la bonne manière, puisque tous les réservistes sont au pli, et qu'il n'y en a pas un qui voudrait laisser le *Pamir* où pourtant on travaille sec.

Après huit jours d'Alexandrie, on a reçu l'ordre d'aller à Port-Saïd. C'est à cause d'un cargo chargé de soldats des Indes qui arrivait de Bombay pour le front, et qui avait ses condenseurs dans le sac. Comme il fallait que les bonshommes partent et que le bateau en avait pour quinze jours de réparations, on a pris le vieux *Pamir* qui se trouvait libre et il a trimballé les six cents hommes. En fait de confortable, c'était un peu maigre. Pour transporter de la camelote, le *Pamir* n'a pas peur de trois mille tonnes, et même un peu plus si on bourre dans les coins ; mais des voyageurs ! il y a tout juste le pont et les cales, et puis débrouille-toi avec ça. Fourgues a mis deux officiers supérieurs dans chacune des chambres de Blangy et de Muriac, et je ne sais pas comment les quatre ont pu vivre. Tu connais les chambres du *Pamir* : comme tiroirs, on ne fait pas mieux. Les autres officiers, les « subs », comme disent les youms, on les a installés dans les planches qui avaient servi aux Boches l'an dernier, avec les sous-officiers. Quant aux autres, liberté de manœuvre pour se fourrer n'importe où, suivant les préférences : cale ou pont.

Fourgues et moi n'avons pas eu le temps de rien arranger pour les pauvres bougres. On nous a donné vingt-quatre heures pour les prendre, pour charbonner et faire des vivres. Tu vois ça : recevoir six cents hommes quand on en nourrit trente-cinq, et puis ne pas savoir si on les gardera dix ou vingt jours, parce qu'on n'a pas pu nous dire s'ils iraient à Marseille ou au Havre, ou en Angleterre. Les autorités de Port-Saïd, à terre, ont dit à Fourgues qu'il recevrait des ordres en mer par radio. Quand il a répondu qu'il n'avait pas la T. S. F., ç'a été la cérémonie habituelle et il s'est attrapé avec les autres. Enfin on lui a dit de toucher à Marseille et que là on lui dirait quoi faire. Fourgues en a profité pour télégraphier au patron et demander d'urgence qu'on lui installe la T. S. F., parce qu'il en a assez de se faire dire des choses comme si c'était sa faute à lui. Mais tout ça ce sont des histoires. Nous avons pris à bord du cargo qui venait des Indes toute la provision de riz des six cents hommes, ainsi que les provisions de whisky des officiers. Ceux-ci avaient aussi avec eux des caisses de porto et de divers alcools. C'est tant mieux pour eux, car tu sais que, sauf le vieux marc et le rhum, en petite quantité, Fourgues n'aime pas qu'on boive. Il a fallu leur donner Fafa pour les servir spécialement et leur faire des cocktails pendant toute la traversée.

Le soir que nous sommes restés à Port-Saïd, Fourgues et moi nous sommes allés acheter quelques victuailles, confitures, conserves, etc., pour nourrir tous ces officiers. Ça n'a pas été commode à trouver, et à des prix ! Ce qui mettait Fourgues le plus en colère, c'est qu'il fallait payer tout en or, et qu'on ne rendait jamais que de l'argent. Comme la même chose s'était passée à Alexandrie, au Caire et partout où l'on a été depuis le début de la guerre, Fourgues m'a affirmé que c'était encore un coup des Boches.

— Tu vois, mon petit, nous payons tout en or et pas moyen d'en revoir une pièce. N'aie pas peur. C'est pas perdu pour tout le monde. Ils ont des agents partout. Notre bonne galette s'en va par là-bas, par la Grèce ou l'Italie, et c'est avec ça qu'ils paieront aux neutres leur boustifaille.

Fourgues a ajouté d'autres choses, mais autant vaut ne pas te les dire, parce que tu t'imaginerais que je deviens trop rouspéteur, et tu sais pourtant si je n'aime pas ça. Le *Pamir* a fait route pour Marseille d'abord. On a eu assez beau temps, du roulis et du tangage de père de famille, parce qu'on était plutôt léger. Mais ça a suffi pour mettre sur le flanc cinq cents Hindous sur six cents. Presque tout le riz nous est resté. Ils n'ont guère mangé. Ça a mieux valu ainsi, parce que je ne sais pas comment aurait fait notre cuisinier, avec six cents bonshommes à nourrir. Il n'a pas perdu son temps, d'ailleurs. C'est facile à entretenir les Hindous : du riz et de l'eau. Il y en avait une dizaine qui avaient emporté une flûte ou un tambour. Ils n'ont arrêté de jouer depuis Port-Saïd jusqu'au Havre ; ils se relayaient deux par deux. Ils s'étaient installés juste au pied de la passerelle pour que tous ceux de la cale avant qui avaient le mal de mer puissent les entendre, et tout le temps, la nuit comme le jour, ils tapaient sur la peau et jouaient de la flûte. Tu n'as pas idée de ce que ce peut être cette musique orientale. On croirait qu'ils jouent toujours les mêmes notes, et puis pas du tout. Ça va et ça vient comme une pensée. Quand j'étais de quart la nuit, j'avais des fois des envies de dormir en les écoutant, et d'autres fois envie de pleurer. Par moments, je voulais leur dire de se taire parce que je trouvais que c'était trop stupide de se sentir comme cela le cœur gros. Mais cela me devenait nécessaire et j'écoutais tout de même. Je te raconte des bêtises, mon pauvre vieux.

A Marseille, on n'a fait qu'entrer et sortir. Un officier de la mission anglaise est venu nous dire d'aller au Havre avec les Hindous ; mais les officiers supérieurs qui en avaient assez d'être dans les tiroirs de Blangy et de Muriac, et qui avaient depuis un jour fini leur porto et leur whisky, ont demandé à partir tout de suite. Comme c'étaient des lords, ou bien des types à la hauteur, ils ont débarqué sans attendre et les « subs » ont pris leur place.

Le *Pamir* a fait tout le tour de l'Espagne et l'Atlantique avec les six cents Hindous qui ont été malades pour de bon, et sont arrivés comme des chiffes au Havre. Fourgues disait que c'est un peu barbare, d'autant plus qu'on n'économise rien sur le parcours, et qu'il faudra au moins un mois avant que tous les mal blanchis puissent aller au front.

Ils étaient trop fatigués. Beaucoup ont failli mourir, ils rendaient du sang. Et puis comme ils ont eu froid, les bronchites et les fluxions de poitrine ont commencé. Pour tout médecin il y avait Fourgues, un point c'est tout ! Il leur a donné du rhum dans de l'eau chaude comme remède, car notre coffre à médicaments a été vite vidé. Nous en avons eu trois qui sont morts, ce qui n'est pas beaucoup, disaient les officiers.

On les a débarqués dans l'Atlantique, avec un sac à charbon au pied pour les faire couler. Nous tous Français, ça nous a fait quelque chose. Mais les autres, ah ! là là ! On voit bien qu'aux Indes la vie humaine ne pèse pas lourd.

Tout le monde a été content de les laisser au Havre. Je me demande ce qu'ils vont faire sur le front. Pour se faire tuer, je crois qu'ils ne renâcleront pas ; mais quand on les a vus grelotter et se serrer ensemble sous la neige fondue de fin février, il est probable que dans les tranchées ils mourront comme des mouches. D'ailleurs on avait un peu peur qu'ils n'aient laissé le choléra dans le *Pamir* et Fourgues n'aime pas beaucoup ça, depuis qu'il en a vu une vraie épidémie en Chine ; aussi il a été très content quand on nous a envoyés faire du charbon à Sunderland, parce qu'il prétend que le charbon de terre, quoique sale, est encore le meilleur antiseptique connu contre la plupart des maladies.

A Sunderland, on a embarqué trois mille tonnes bien pesées, et l'on n'y a pas mis longtemps. Qu'est-ce que ça va coûter à la France, toutes ces centaines de mille tonnes de charbon qu'il faut acheter à l'étranger. Ça ne sera pas dans les prix doux. Je sais bien que les Boches nous ont raflé les bassins du Nord, mais il y en a d'autres en France ; ils ne suffiraient pas à tout, évidemment ; cependant si on les exploitait, en mettant une économie du quart dans les achats, ça ferait toujours autant qui ne sortirait pas, et notre change ne monterait pas comme il fait. C'est tout de même vexant pour un pays, riche comme le nôtre, de donner de cet argent français, et de voir qu'on vous rend la monnaie avec cinq ou dix pour cent de perte. Ça sera du propre si ça continue. J'ai demandé à Fourgues pourquoi on laissait en terre le charbon qui serait bien mieux en soute ou dans des cheminées ; il m'a répondu que c'est à cause d'une loi de salut public sous la Révolution faite pour empêcher les gains illicites, et que le salut public ne permet pas actuellement de se servir des richesses du sous-sol. « C'est comme à H***, a-t-il ajouté, le sous-sol de la France forme un stock intangible ; il paraît qu'il vaut mieux se ruiner que d'y toucher. »

Ce charbon qu'on a pris à Sunderland, ce n'est toujours pas les bateaux français qui l'auront eu, parce qu'on nous a envoyés à la grande flotte anglaise. Les youms préparaient des expéditions pour l'Afrique, la Mésopotamie et les Dardanelles ; il n'y avait plus de bateaux disponibles et comme la flotte de Jellicoë demandait du charbon à grands cris, nous avons été expédiés d'urgence. Je ne te dirai pas où le *Pamir* est allé pour trouver la grande flotte, parce que c'est archi-défendu. Les journaux anglais n'ont pas le droit d'en parler, et tu peux être sûr que ma lettre serait censurée ; on ne veut pas que les Allemands sachent où sont les bateaux anglais.

Le *Pamir* a fait deux fois le voyage de là-haut, à partir de Sunderland. Tu peux dire qu'il y en a, des cuirassés, des croiseurs et tout le reste. Qu'est-ce que c'est, ce que j'ai vu près de Fano à côté de ça ? Rien du tout, mon pauvre vieux. Si les youms n'ont pas encore démarré pour la guerre sur terre, je te prie de croire qu'ils ont quelques bateaux et des beaux.

Seulement, ils ne les éreintent pas. Les escadres restent bien tranquilles au mouillage, et, de temps en temps, quand on décide une sortie vers les Boches, ou que les Boches sortent, on leur saute dessus. Comme cela les machines et le personnel ne sont pas en loques, ainsi que dans l'armée navale française. Tu penses si les officiers anglais, qui s'ennuient ferme entre parenthèses, nous ont invités et questionnés, Fourgues et moi, pendant le charbonnage, parce que nous arrivions de l'autre bout de la guerre. Sans blague, ils ont cru qu'on se payait leur tête quand nous leur avons dit que vous vous baladiez la queue en trompette, les croiseurs et contre-torpilleurs surtout, pendant des quarante et cinquante jours de suite, histoire de boucher l'Adriatique. Ils nous ont demandé si c'était aussi l'habitude dans l'armée française, quand un régiment ne se battait pas, de le faire promener derrière les lignes des quatre ou cinq semaines de suite. Et puis des tas d'autres questions où l'on voyait bien qu'ils n'y comprenaient goutte.

Ça ne veut pas dire qu'elle ne fasse rien, la grande flotte. Les croiseurs et contre-torpilleurs surveillent les côtes d'Angleterre et tiennent la croisière jusqu'en Norvège. On a pitié de voir les tempêtes où ils marchent et l'état dans lequel ils reviennent. Dame, on les laisse reposer. On les envoie dans un port, avec des permissions pour tout le monde, et, tu sais, ça fait une riche différence de turbiner près du pays natal, de sentir qu'on le protège et que, quand la faction est finie, on va passer vingt-quatre ou quarante-huit heures en famille.

Ils sont tous gaillards, sauf que ça les fait un peu bisquer de n'avoir pas pu se donner la grande frottée avec les Allemands. A part ça ils trouvent que la flotte anglaise fait son devoir et ne peuvent pas comprendre qu'on nous fasse trimer comme nous leur avons dit. Ce n'est pas pour te chiner, mon vieux, maintenant que tu travailles dans la marine de guerre et que, comme me disait Fourgues, tu es infecté de son esprit, mais les marins anglais sont un peu plus frais que les tiens. Et puis il faut voir la différence d'âge. Quand tu vas d'un bateau anglais à l'autre avec ton charbon, et que tu causes avec l'un et avec l'autre, on dirait qu'on parle à des copains, même quand c'est un amiral. Sur les croiseurs français le commandant a toujours les cheveux et la barbe blanche, ça le fatigue de grimper les échelles, et il a toujours peur d'en dire trop. Fourgues affirme que les grands chefs c'est encore pire, mais je ne les ai pas vus. En tout cas, pour les contre-torpilleurs, ici on les donne à de tout jeunes de vingt-cinq à trente ans, tandis que là-bas tous ceux que j'ai vus avaient la bonne quarantaine, et le poil poivre et sel. C'est comme ça du haut en bas : dix ou quinze ans de différence. L'entrain est à proportion. Je ne sais pas comment je serai à quarante ans, mais il est certain que je la trouverais saumâtre, avec des rhumatismes ou une bonne maladie de foie, d'être planté sur un contre-torpilleur où l'on est rincé du 1er janvier à la Saint-Sylvestre et de commander pour tout potage à soixante-dix hommes. Tandis que, si on me le donnait maintenant, tu parles si je serais content, et si j'irais de l'avant, et je m'en moquerais d'être trempé jusqu'aux os, puisque je saurais qu'entre quarante et cinquante, si j'ai bien servi, je commanderais à une escadre, à des milliers d'hommes, à des tas de bateaux… J'ai peut-être tort et les Anglais aussi, mais je voudrais bien que tu m'expliques pourquoi ce n'est pas pareil chez nous et chez eux.

Je t'ai dit que le *Pamir* avait fait deux voyages entre Sunderland et la grande flotte. Au deuxième on nous a envoyés au diable vauvert tout à fait au Nord, au beau milieu des îles, où il y avait un temps de chien, et le *Pamir* a charbonné des flottilles de destroyers et d'éclaireurs. Ceux-là sont tout le temps en route (avec tout de même des repos en Angleterre) vers les eaux allemandes, et ils disent que les Boches ne sortiront jamais pour une vraie grande bataille, mais que ce n'est pas la peine d'essayer de les tirer de leurs trous, parce que leur côte est pourrie de mines et de sous-marins, et que le jeu n'en vaut pas la chandelle, puisqu'on sauterait avant d'avoir pu approcher. Quoique ce ne soit pas ce que disent les journaux anglais et français, je pense qu'on peut les croire ceux-là qui en viennent. «S'il y a une bataille sérieuse, disent-ils, ce sera une surprise et pas autre chose, mais pas parce que nous l'aurons voulu.» Les Boches, paraît-il, seraient renseignés d'Angleterre même, où il reste un tas de leurs compatriotes en liberté, et dès qu'un bateau anglais sort au large, Berlin est prévenu ; tandis que, quand les Allemands viennent bombarder les côtes anglaises, on le sait quand les obus tombent.

Ils disent aussi que l'Entente est trop bonne de respecter les eaux territoriales neutres, et que les Allemands ne se gênent pas, pour se faufiler de Kiel à Ostende ou à Bruges, à emprunter les eaux danoises ou hollandaises. Ça me rappelle ce que j'ai vu sur les côtes d'Italie, à notre premier charbonnage de l'armée navale française. Pendant que nos croiseurs et contre-torpilleurs arrêtaient les bateaux au large, le *Pamir* a croisé, à toucher la côte italienne, des flottes de bateaux qui remontaient à Trieste ou par là, et ils étaient bien chargés, tu peux m'en croire.

Si c'est ça le blocus qu'on fait contre les Boches, ils ne sont pas près de crier «Kamerad». Je voudrais bien que tu me dises aussi combien de cargaisons de contrebande l'armée navale a saisies ? Je te pose des tas de questions, mais c'est parce que tu m'as écrit dans ta dernière lettre que cela t'intéressait de savoir ce qui se passe hors de ton *Auvergne*.

Comme tu as ajouté que mon esprit se forme avec la guerre, je m'adresse à mon ancien enseigne de vaisseau, s'il vous plaît, pour me former la jugeotte. Quant à moi, je te raconte tout ce qui me vient sous la plume, tout comme je faisais quand tu disais que je te parlais à la coche. C'est déjà bien joli que j'aie appris à écouter. Bon Dieu ! ce que je pouvais être stupide, il y a seulement deux ans. Mais Fourgues prétend aussi que je me forme.

Il m'a tout de même joué un sale tour ce farceur-là. Depuis qu'on est revenu à Newcastle, il m'a vissé à bord et est allé prendre l'air à Londres. Il faut te dire que nous avons reçu, en revenant d'Écosse, un de ces petits ouragans de printemps qui a mis deux chaudières en bottes, et desserré les manchons de notre arbre cassé, qu'on trimballe depuis le mois d'août. Alors, comme le *Pamir* n'avait pas dételé depuis Alexandrie, Fourgues a dit qu'il ne marchait plus, qu'il voulait qu'on fasse passer le bateau au bassin, qu'on visite sa coque, qu'on retube les chaudières et qu'on change l'arbre de couche. Les youms voulaient le renvoyer encore une fois là-haut, avec trois mille tonnes de charbon pour la flotte, mais Fourgues a répondu qu'un vieux renard comme lui savait quand un bateau en a sa claque, et qu'il ne tenait pas à ce que le *Pamir* reste en panne, comme un idiot, attendu que c'est lui Fourgues qu'on attraperait et pas les autres.

Pour qu'on lui fiche la paix, il a pris le train le soir même. Pendant qu'il faisait sa valise, il m'a appelé dans sa cabine :

— Tiens, petit, voilà un papier. Je te laisse le commandement du *Pamir* et de toute la boutique. Tu le feras rentrer au bassin et remettre à neuf. Je verrai si tu sais te débrouiller. On m'a fait le même coup à Melbourne sur mon bateau d'alors, quand j'en savais moins long que toi. Quand la coque sera repeinte, les chaudières retubées et l'arbre remplacé, tu me télégraphieras au *Charing Cross Hotel*, à Londres. Je te donne dix jours. Débrouille-toi.

— Mais, commandant, à qui faut-il que je m'adresse ?

— Tu as une langue et tu es commandant. Moi je vais faire du raffût à Londres pour avoir la T. S. F., et si l'armateur ne veut pas, j'irai à Paris. Mais tu m'entends, je ne veux pas entendre parler du *Pamir* avant de recevoir le télégramme : « Paré ». C'est compris !

— Bien sûr, commandant, mais...

— Tara-tutu ! Voilà les clefs, les papiers, les chèques et tout. Si tu es paré dans dix jours, je m'arrangerai pour te faire passer capitaine au long cours, parce qu'alors on pourra te donner une barque à toi tout seul. Sinon, mon petit, barca !

Il m'a serré la main et est parti. Alors, depuis quatre jours je me débrouille, mon vieux. C'est comme si l'on t'avait donné le commandement de l'*Auvergne*. Ce n'est tout de même pas la même chose d'être le maître ou bien d'obéir. Il y a des tas de trucs où il faut prendre des initiatives, au lieu d'écouter et d'exécuter. Avant, c'était moi qui disais que Fourgues avait parfois la main un peu dure, mais je crois bien que, pour que ça marche, il faut avoir l'œil partout et ne pas rater les gens. Je suis tout le temps en bleu de mécanicien à fouiner près des chaudières et dans le tunnel de l'hélice. Ça avance. Le *Pamir* a été gratté et l'on passe aujourd'hui la deuxième couche de peinture. Il y a déjà une chaudière et demie de retubée. Fourgues a bien calculé son affaire. Ça peut être fini en dix jours, en ne perdant pas une heure. On en met. L'équipage va bien. Tu sais ce que c'est un bateau qu'on a dans le sang. Et puis, quand on voit qu'on sert à quelque chose... Ah! mon vieux copain! Si l'on est paré en dix jours, le roi ne sera pas mon cousin.

Malte, 17 juin 1915.

Mon cher ami,

Je crois que le *Pamir* est enclenché pour de bon cette fois-ci dans l'affaire d'Orient. Nous y voilà depuis bientôt un mois et demi et ça n'a pas l'air de vouloir finir tout de suite. Je ne demande pas mieux, parce qu'en ce moment il n'y a guère que par ici qu'on fasse des choses intéressantes. Fourgues est content, lui aussi; on remue, on transporte du matériel. Ce n'est pas nous qui faisons le grand travail, mais enfin la marine marchande fait tout ce qu'elle peut et le vieux *Pamir* ne perd pas son temps.

Il va tout seul maintenant, depuis qu'on lui a remis un arbre neuf et des tubes; autant dire qu'il est tout à fait requinqué. A Newcastle, je n'ai pas été paré en dix jours, mais en onze. Comme c'était bien avancé tout de même le dixième jour, j'ai envoyé à Fourgues ce télégramme: « Paré ». Mais j'avais un peu la frousse qu'il arrive sans que ce soit tout à fait terminé, alors j'ai fait travailler nuit et jour le dernier jour, et l'équipage n'a pas flanché. Bref, quand Fourgues est arrivé, on mettait de l'eau dans le bassin et une heure après le *Pamir* était le long des quais. Fourgues a bien vu que j'avais un peu carotté, mais il n'a rien dit parce que son petit voyage l'avait mis de bonne humeur.

— C'est très bien, petit; je vais envoyer un rapport au patron et dire qu'on peut te donner un bateau quand il y en aura un de disponible — ce qui n'est pas tout de suite, d'ailleurs.

J'ai plutôt fait la tête, car tu devines si j'aurais été content de commander un rafiot pendant la guerre. Mais Fourgues m'a expliqué. Il avait eu le temps de pousser à Paris et de rapporter des tas de renseignements. Il paraît qu'en France on a complètement suspendu toutes les constructions neuves, parce que la guerre sera finie avant la fin de l'année et qu'il ne faut penser qu'au travail de guerre et de munitions. Comme tous les bateaux marchands sont pris à l'heure présente, ce n'est pas tout de suite que je pourrai en commander un. Fourgues a vu l'armateur et l'affaire a été chaude, parce qu'il n'a pas voulu payer la T. S. F. Il dit que le *Pamir* a marché comme cela depuis bientôt dix mois et que ce n'est pas la peine de faire la dépense, et que la T. S. F., c'est bon pour les journaux illustrés qui racontent de belles histoires là-dessus, mais qu'au fond ça ne sert pas à grand'chose. Il n'y a rien à faire avec l'armateur et Fourgues est allé au Ministère de la Marine, où on lui a répondu à peu près la même chose. Il paraît qu'on est tout à fait tranquille sur mer, qu'on a la maîtrise, que les sous-marins allemands c'est du bluff, et que les Allemands n'en ont pas. Fourgues n'est pas tout à fait de cet avis. Il dit que les Allemands ne sont pas si bêtes que de nous laisser tranquilles sur mer et qu'ils nous préparent un chien de leur chienne. Mais tous les gens officiels ne veulent pas entendre parler de ça. En résumé, il n'y a rien à faire et le *Pamir* est parti comme avant. L'armateur avait dit de ne rien ajouter, pas même une barrique en tête du mât pour la vigie. Mais Fourgues l'a fait installer sous prétexte que cinquante francs de plus ou de moins, ça ne ruinerait pas l'armateur ni les actionnaires. Ils ne perdent pas leur temps, ces messieurs : le *Pamir*, qui a bientôt vingt ans d'âge, leur est payé aux environs de mille francs par jour de location, sans compter le charbon, les avaries, les assurances, le fret, et tout. Les actionnaires n'ont qu'à ouvrir les poches, ça tombe dedans. A ce train-là ils auront de quoi se payer en un an deux ou trois autres *Pamirs*, mais ça ne leur suffit pas pour allonger les quelques milliers de francs de la T. S. F. Ah ! j'oubliais une autre histoire. Tu te rappelles qu'on a tapé dans le croiseur *Lamartine*, à notre premier charbonnage en mer et que nous nous étions démoli une embarcation et ses bossoirs. Ce n'était pas la faute à Fourgues, tu t'en souviens, et il avait dit qu'on répare tout cela à Newcastle. Mais l'armateur a refusé net de rien payer, disant que ce genre d'avaries n'était pas compris dans le traité. La marine a refusé aussi sous prétexte qu'elle n'est pas responsable désormais sur un bateau où il y a un capitaine qui n'est pas de l'État. Elle a demandé un rapport à Fourgues et elle va en demander un au *Lamartine*. Tout ça va faire des tas de papiers et des histoires à n'en plus finir. On part tout de même avec les deux embarcations de sauvetage et Fourgues préfère payer la neuve de sa poche plutôt que de ne pas l'avoir fait mettre.

A Newcastle, le *Pamir* a chargé des canons de campagne pour le corps expéditionnaire anglais des Dardanelles, et des obus pour les gros canons de leurs cuirassés. Ce n'était pas le même calibre ; on a mis les canons dans la cale avant et les obus derrière. Il nous restait pas mal de place dans la cale arrière, parce que les obus de douze pouces sont plutôt lourds et n'encombrent pas. Alors on nous a dit de passer à Gibraltar où nous prendrions le matériel et le train d'une compagnie de soldats qui s'en allait à Gallipoli, et qui partirait en même temps que nous sur un autre bateau. Tout cela c'était un peu compliqué, mais on en a vu d'autres depuis la guerre. D'ailleurs les Anglais ne se frappent pas. Les officiers chargés de l'embarquement des munitions venaient cinq minutes par jour, regardaient et s'en allaient. C'est la première fois que le *Pamir* chargeait des obus, et des vrais, chargés en cordite, et tu penses si on avait peur que l'un d'eux ne tombe à fond de cale en faisant tout sauter. Fourgues en a profité pour faire changer tous les câbles des treuils et des ferrures des mâts de charge, en disant qu'ils étaient un peu vieux et qu'il ne garantissait pas leur solidité. Les Anglais n'ont pas fait tant d'histoires et nous ont passé du beau câble tout neuf, en bel acier. Nous avons même deux ou trois cents mètres de rabiot. Quand je te dis que le *Pamir* est parti complètement retapé !

On a mis dix jours pour arriver à Gibraltar, ce qui est plutôt long, mais comme on a rencontré pas mal de brume et qu'avec cette cargaison-là Fourgues ne tenait pas à attraper une collision, il avait fait diminuer de vitesse. Pense donc, nous avons le chargement de munitions de deux grands cuirassés anglais, et si le *Pamir* était allé par le fond, les deux cuirassés en auraient eu au moins pour deux mois avant de pouvoir lancer un seul obus sur les Turcs. Vraiment, Fourgues sait naviguer. Quand on transporte de la camelote quelconque, ça lui est égal de piquer dans la plume, et d'y aller comme un sourd, mais là il faisait tout le temps des rondes dans la cale pour voir si l'arrimage était solide et s'il n'y avait pas de caisses de gargousses crevées ou des obus en balade.

Les Anglais nous avaient arrimé ça proprement d'ailleurs, avec du beau chêne et du sapin tout neuf ; il n'y avait pas de danger que ça remue. Le *Pamir* est riche, tout ce bois-là n'est pas perdu, et Fourgues espère bien qu'on lui donnera encore à transporter des munitions, puisqu'il est arrangé pour en recevoir et parce qu'on a l'impression de mieux travailler pour la guerre.

A Gibraltar, la compagnie de soldats dont le *Pamir* devait prendre le matériel nous avait attendus jusqu'à la veille. Mais comme on a eu du retard à cause de la brume et que la compagnie était appelée d'urgence en Orient, elle était partie en empilant son matériel sur le pont de son bateau. Mais les Anglais n'ont pas voulu perdre les cent tonnes disponibles du *Pamir* et l'on y a vidé un grand tas de confitures, de conserves, de chocolat qui attendait sur les quais. Ils se nourrissent bien les soldats anglais et ça doit coûter chaud à l'Angleterre, cette guerre-là. Nous avons acheté à Gibraltar du tabac, des cartes et des vins d'Espagne. Ce n'est pas cher et c'est de bonne qualité. Seulement on s'ennuie ferme dans ce pays-là. Il paraît que c'est à cause de la guerre. Il n'y a que le paysage de bien, avec le rocher. Pour le reste on dirait une colonie.

Le *Pamir* est allé droit sur Moudros, où on lui avait dit de se rendre et de recevoir les ordres sur place. En Méditerranée le temps n'a pas été trop mauvais, mais tout de même Fourgues avait bien raison ; on ne sait jamais ce qui va arriver comme temps ; le vent change sans qu'on sache pourquoi et la mer grossit en une heure. Le *Pamir* a été ballotté pas mal, d'autant plus que Fourgues ne voulait pas aller trop vite, toujours à cause des explosifs qu'on avait dans le ventre. D'ailleurs, ce n'était pas la peine d'emporter ces obus, parce qu'arrivés à Moudros, on nous a dit que, sur les deux cuirassés qui devaient les prendre, l'un avait été coulé la semaine passée par un sous-marin devant les Dardanelles, et l'autre, après avoir failli y passer, était retourné à

Malte pour se faire réparer. C'est tout de même un peu idiot de n'avoir rien su de tout cela à cause de la T. S. F. qu'on n'a pas. Nous avons eu l'air de tomber de la lune avec nos obus pour le … et le … et tout le monde s'est moqué de nous.

Si on avait été renseigné, Fourgues serait entré à Malte pour savoir quoi faire des munitions, parce qu'elles sont d'un modèle modifié et ne peuvent pas être employées sur les autres bateaux anglais qui sont là. Alors nous avons gardé les munitions et débarqué les confitures et conserves. Pour ça il n'y a pas eu de difficultés, car tout le monde voulait les prendre ; le débarquement n'a pas fait long feu. Quant aux canons de campagne, personne n'a voulu les débarquer, parce qu'il paraît qu'ils appartiennent à la guerre et que les billets de destination n'étaient pas assez clairs. Nous avons perdu deux jours à attendre des ordres d'Égypte et du quartier général anglais. On nous a dit alors d'aller à Alexandrie, où ces canons seraient attribués à une brigade en formation. Pendant ce temps les troupes de Gallipoli demandaient des canons à cor et à cri et nous n'avions qu'à les y porter puisque le *Pamir* était tout près. Mais notre ordre était impératif et nous sommes allés à Alexandrie. Arrivés là on nous a dit que la brigade anglaise était déjà partie et qu'il fallait la rejoindre dare-dare à Gallipoli, sans quoi elle aurait des munitions et pas de canons. Nous sommes repartis aussitôt et le *Pamir* est arrivé devant la côte où vont les troupes qu'ils appellent *Anzac*, et l'on a débarqué les canons comme on a pu. La brigade avait été plutôt canonnée depuis son arrivée, et sans pouvoir répondre puisqu'elle n'avait pas de canons, et l'on a un peu fait la tête au *Pamir* qui n'en pouvait mais. On est resté là pendant cinq jours, parce que les moyens de transport sont plutôt rares et la côte plutôt raide. Les Turcs ont tiré sur le *Pamir* des gros obus qui tombaient un peu partout tout autour, mais aucun ne nous a touchés. Fourgues était content comme un dieu. Il était avec sa jumelle appuyé sur le bastingage et regardait le départ des coups :

— Tiens, petit, celui-là trop court… Celui-là trop long… Ils n'auront pas le vieux *Pamir*.

Il y avait à côté le vapeur *Terre-de-Feu*, qui transportait du fourrage et près duquel on est resté pendant deux jours. C'est le père Plantat, un ami de Fourgues, qui le commande, et il est venu manger à bord. Plantat a fait la mer Égée depuis le début des Dardanelles et il nous a donné tous les tuyaux ; je crois que tu le connais, il m'a dit qu'il se rappelle de toi ; il est toujours aussi je-m'en-fichiste. Il a dit que toute cette affaire d'Orient est cuite, qu'on n'ira jamais à Constantinople parce qu'on n'a pas fait ce qu'il fallait au début et que c'est trop tard maintenant, que les Turcs ne se laisseront plus surprendre, et envoient tout le temps des mines et des sous-marins.

Il a dit aussi qu'au commencement, quand on a perdu le *Bouvet* et les autres bateaux, il n'y avait qu'à pousser dur sans regarder derrière soi, qu'on aurait passé dans un fauteuil et qu'alors en un jour Constantinople aurait été réduite par nos canons, mais qu'il y a eu des tas de retards diplomatiques avant et des tas d'indécisions pendant, et que ce n'est pas la peine de s'exciter là-dessus désormais. On y perdra du monde et de l'argent et des bateaux, et on sera obligé de s'en aller sans avoir rien fait.

Je te raconte tout cela comme Plantat l'a dit. Mais je passe toutes les raisons qu'il a données, et que tu dois connaître mieux que moi sur ton *Auvergne*, où tu reçois tous les T. S. F. C'est la première fois que Fourgues et moi entendions quelque chose de sérieux sur l'affaire d'Orient, parce qu'on n'a que les journaux ou bien des histoires de personnages officiels qui disent tous que c'est pour demain la prise de Constantinople. Depuis que j'ai commencé l'histoire maritime que tu m'as envoyée, je me disais tout le temps, en lisant les rapports des amiraux et des ambassadeurs de jadis, « quels tas de blagueurs ». Mais j'oubliais qu'on ne s'en est aperçu que cent ou deux cents ans après, quand on a fouillé les archives, et que sur le moment ils avaient l'air d'être des types épatants. Maintenant que je réfléchis et que j'écoute des gens comme Fourgues et Plantat, qui ne se laissent pas mettre le doigt dans l'œil, je vois bien que pendant cette guerre c'est la même cérémonie. Plus il y a de journaux, moins on sait la vérité. Ce n'est pas le *Pamir* qui fera gagner la guerre, bien sûr, mais je veux être pendu si nous savons jamais pourquoi ni comment on l'envoie ici ou là, et de là, ailleurs.

Quand il est dans un endroit, les chefs disent qu'évidemment il y a un peu de pagaye dans cet endroit-là, mais que ça va se tasser bientôt, et qu'en tout cas ça va bien partout ailleurs. On est content, et quand le *Pamir* arrive ailleurs — il se promène pas mal, comme tu as pu le constater — on entend la même antienne. Alors quoi ? Tout le monde ment. C'est les poilus et les marins qui trinquent.

D'ailleurs on ne peut pas penser que tout va pour le mieux quand on a eu une corvée comme la nôtre après Gallipoli. Je t'ai écrit à l'autre feuille que cette brigade sans canons avait été pas mal canonnée en deux jours ; la côte est dure comme du marbre, les canons turcs sont sur les hauteurs et il n'y a pas moyen de s'abriter contre eux. Quand ils ont réglé leur tir et que ça commence à tomber un peu trop près, il n'y a qu'à changer de place si on peut, ce n'est pas avec la main qu'on arrêtera les crapouillots. Bref il y avait pas mal de blessés, sans compter ceux qui avaient attrapé la fièvre ou la cliche en quarante-huit heures et étaient à moitié morts. Pas un bateau-hôpital sur rade. Comme le *Pamir* était en partance pour Malte à cause des obus qu'il devait porter à ce cuirassé en réparation, on nous a embarqué une centaine de bras et de jambes démolis et autant de malades. Heureusement qu'il nous restait les planches des Boches du Maroc et l'arrimage des canons de campagne. On a pu fabriquer toute une série de cadres sur le pont et dans la cale avant. L'équipage a travaillé, c'était splendide. Mécaniciens, soutiers et matelots de pont, tout le monde a cloué, vissé, tapé pendant quatre jours. On peut faire ce qu'on veut avec des gars pareils. Fourgues avait beau chanter et dire que ça n'allait pas assez vite, il avait tout de même la larme à l'œil, d'autant qu'à peine un cadre était fini, il arrivait un pauvre bougre qu'on fourrait vite dedans, avec une pauvre tête de moribond et un sourire aussitôt qu'il était tranquille. Des fois il en arrivait trois ou quatre à la fois, qu'on posait où on pouvait pendant qu'on clouait les dernières planches de leur lit ; les coups de marteau leur faisaient mal à la tête, mais ils attendaient en souriant. Enfin, le *Pamir* est parti avec ses explosifs dans la cale arrière et ses malades devant et un peu partout. On a pu nous passer un jeune médecin et deux infirmiers ; je ne sais pas comment ils ne sont pas morts de fatigue avec leurs deux cents malades et blessés. En fait de remèdes et d'antiseptiques, on avait une seule caisse qui a été vidée avant Matapan. Les fiévreux et les coliquards se sont remis assez vite, et comme il fallait les remettre d'aplomb, l'équipage du *Pamir* m'a demandé de leur passer son vin et sa viande si on n'en avait pas assez pour tout le monde. Comment veux-tu qu'on punisse des oiseaux pareils quand ils font du chahut à terre ? Pendant quatre jours les hommes du *Pamir* ont bu de l'eau et mangé des fayots ou du riz qui nous restait des Hindous, et rien de plus, car la cambuse était raclée. Fourgues a donné tout son rhum, son marc, ses cigarettes et ses cigares. Moi qui n'avais rien, j'ai passé des mouchoirs et des chemises pour les pansements. On a eu la veine que personne n'est mort dans la traversée, parce qu'il a fait beau tout le temps, et que Fourgues avait fait mettre à petite allure afin de ne pas secouer les blessés. C'étaient presque tous des gens d'Australie ou de Nouvelle-Zélande : des os, de la stature et pas beaucoup de graisse. Ceux qui allaient mieux nous ont raconté un peu leurs affaires. Ils croyaient partir des Antipodes pour défendre la vieille Angleterre sur le front de France, et ce n'est pas tout à fait ce qu'ils attendaient, de se battre contre les Turcs dans un pays où il n'y a rien à faire. On a beau les payer des cinq et six francs par jour et par simple soldat, ils trouvent que ce n'est pas chic de leur donner une besogne *without any chance*, comme ils disent. Mais tout ça se réglera plus tard ; pour le moment ils sont assez contents, parce qu'après Malte ils espèrent aller visiter Londres qu'ils ne connaissent pas.

A Malte, ils ont tous été rapidement débarqués à terre. On ne peut pas dire le contraire, les Anglais gaspillent l'argent et considèrent la guerre comme un sport, au lieu d'une question vitale ainsi que nous, mais ils ont des services d'arrière absolument princiers ; chez eux, à Gibraltar, à Malte, en Égypte, on est forcé de le reconnaître. A peine amarré, le *Pamir* a été envahi par des médecins et des nurses à la douzaine, et si nous n'avons pas pu les soigner beaucoup à bord, je suis bien tranquille sur leur compte à Malte. D'ailleurs je ne me suis guère amusé dans ce pays-là, et je ne comprends pas que tous les camarades s'excitent dessus. C'est peut-être qu'après cinquante ou soixante jours de mer on se trouverait bien en Patagonie ou à Tombouctou. Toute l'île est en pierre, pas de végétation, à peine deux promenades et le soir un sale bouibouis, où on est serré comme des harengs. Tu dois connaître cela mieux que moi, car tu es avantageusement connu par les garçons du beuglant à qui tu as cassé quelques soucoupes et qui ont ri quand je leur ai demandé si tu étais passé par là. Il est probable que je ne te rencontrerai jamais, car il y avait dans le port pas mal de gros bateaux français, mais pas plus d'*Auvergne* que sur la main.

On m'a dit que vous aviez hissé le pavillon amiral à cause que le cuirassé amiral est allé au bassin, et que vous vous promenez du côté de la Crète. A la prochaine fois, mon vieux.

Quant à nous, nous avons laissé nos obus, quoique le cuirassé anglais soit reparti pour Portsmouth où on va le désarmer, parce qu'il lui faudra bien six mois avant de pouvoir tirer un coup de canon : il a été bien touché. Les youms voulaient qu'on retourne avec les munitions en Angleterre, mais Fourgues n'a pas voulu marcher. Il a dit qu'avec la chaleur et sans rien pour ventiler les soutes, il ne voulait pas garder des obus sur le *Pamir*, parce qu'un de ces quatre matins ça sauterait sans crier gare. Les autorités ont regimbé parce qu'elles disent que ces munitions leur resteront sur les bras à Malte, puisqu'aucun autre bateau n'a des canons du modèle qu'il faut. Mais quand Fourgues a quelque chose dans la tête et qu'il est sûr d'avoir raison, il n'y a ni Dieu ni diable pour l'en faire démordre, et on a bien été obligé de vider les munitions. Maintenant, nous sommes à vide, mais il est probable qu'on va nous réexpédier dans le Levant où tout le monde prétend que des opérations décisives vont être faites, et qu'on arrachera le morceau cette fois-ci. Fourgues n'en est pas sûr, et pour te dire ce que je pense, moi non plus. Il faudrait qu'on sache mieux ce qu'on veut faire. Voilà le *Pamir* qui est là depuis huit jours à gagner mille francs par jour sans rien faire. Crois-tu que ce n'est pas un bel argent gaspillé ? Et puis il fait un de ces sirocos qui nous met tous sur le flanc. Fourgues et moi passons notre temps sur la passerelle à nous éventer en regardant les manœuvres des grands patouillards qui viennent et qui sortent. C'est du joli travail, il faut s'incliner. Fourgues est enthousiasmé et pourtant il manœuvre bien, lui. On dirait qu'on est à Paris devant la gare Saint-Lazare, tellement il y a de petits et de grands bateaux, jamais une collision.

Pour te parler de moi, j'ai reçu une lettre de La Rochelle où ma fiancée m'écrit que, puisque la guerre a l'air de se tirer en longueur, il n'y a pas de raison pour attendre la fin, et qu'on pourrait se marier à la première occasion. Moi, je veux bien, mais je te demande ton avis, si tu crois qu'il ne vaudrait pas mieux attendre la paix et ne pas se marier en coup de vent. J'ai mis de côté un millier de francs, quoique l'armateur ne nous donne pas un radis de plus qu'en temps de paix, et avec ça on pourra toujours s'installer. On tâcherait que tu sois en France pour être là au mariage. Écris-moi ce que tu en penses. Par moments, j'ai un peu de cafard d'être toujours en route et de ne jamais savoir quand ça finira. Je voudrais bien être comme Fourgues ; quand il broie du noir, il engueule tout le monde et ça passe. Mais moi ce n'est pas mon genre. Il est parti à terre tout à l'heure, parce que l'attaché français veut lui donner des ordres. Peut-être que ce soir on saura où on va. Mais le courrier de l'armée navale part tout de suite et je ne veux pas le manquer. Porte-toi bien, mon vieux, écris-moi.

Arkhangel, 15 septembre 1915.

Mon cher ami,

Si tu as bien reçu les trois ou quatre cartes postales que je t'ai envoyées depuis bientôt trois mois, tu as dû te demander où le *Pamir* allait s'arrêter : Gabès, Brest, Trondhjem, ce n'est pas tout à fait sur le même parallèle. Nous voici encore plus haut, mais il n'y a rien au-dessus et tu n'as pas à craindre que nous essayions de redécouvrir le pôle Nord. D'ailleurs, tout ça s'enchaîne très bien, comme tu verras. On a vu des choses intéressantes ; ici il ne fait pas trop chaud en été, le vieux *Pamir* et toute la bande sont très contents de leur balade.

Fourgues est revenu à Malte avec ordre de partir tout de suite pour Sfax en Tunisie. Il a voulu savoir pourquoi, mais on lui a répondu d'exécuter les ordres sans s'inquiéter du reste. Alors on a poussé les feux et on est sorti du barrage à la nuit. Les Anglais savent installer leur protection de rades et de ports. Partout où il y a des navires de guerre au mouillage ou des navires de commerce chargés, ils ne les obligent pas à veiller contre les sous-marins : des filets, des bouées, un bon réseau de chalutiers en surveillance, et les gens qui sont à l'intérieur n'ont qu'à dormir sur leurs deux oreilles. Ça ne veut pas dire que ça suffise pour écarter les sous-marins, mais tout de même on ne contraint pas les gens à une veille inutile. En tout cas, il vaut mieux s'assurer contre les sous-marins en reconnaissant qu'ils existent, plutôt que de dire publiquement qu'ils n'existent pas et de tenir en fait tous les marins sur le qui-vive.

Tout ça c'est des idées en l'air. Le *Pamir* a fait route pour Sfax. Au matin, il a croisé deux navires de guerre français qui devaient arriver de Bizerte. Fourgues a remarqué qu'ils allaient tout droit leur chemin, et que c'était le bon moyen pour se faire attraper par les sous-marins. Je lui ai rappelé que dans la flotte de guerre on ne croyait pas aux sous-marins et que ce n'était pas la peine de faire des embardées pour retarder la marche. Alors il m'a demandé pourquoi, si on ne croyait pas aux sous-marins, on laissait tout le monde au poste de veille, avec les canons braqués, et tout le tremblement ; qu'il fallait tout de même choisir ; s'il y en a, qu'on ne dise pas qu'il n'y en a pas, qu'on n'embête pas les gens de mer. Je te passe le problème... A Sfax, on a trouvé un bataillon de tirailleurs algériens, turcos et autres négrillons, qu'il fallait transporter dans le Sud tunisien, avec leurs chevaux et tout leur barda. Il paraît que, depuis que l'Italie est entrée en guerre, cela ne va pas très fort en Tripolitaine ; les Touaregs leur sont tombés dessus et les ont poussés jusqu'en Tunisie. Alors la France constitue là-bas, dans le Sud, un corps expéditionnaire pour apprendre à vivre aux arbis. Comme cela fait un endroit de plus où il faut du transport, on prend les bateaux qui passent à portée, et le *Pamir* a été appelé de Malte. On commence à s'y faire d'embarquer n'importe quoi, là où on se trouve et de ne rien trouver là où on nous envoie. Mais cette fois-là nous sommes partis pour de bon et arrivés de même. Les arbis ont été sages comme des images dans leurs gros uniformes jaune et bleu, et ils se fichaient de tout ça comme de l'an quarante. Leurs officiers sont des durs à cuire, qui boivent sec et fourrent tout le monde à la boîte dès qu'on a l'air de grogner. Ils auraient bien voulu aller en Champagne voir ce qui s'y passe, et ça ne les amuse pas trop d'aller dans le désert pour tirailler contre des chameaux.

Mais ceux-là aussi ne s'en font pas, et pourvu qu'on tape contre quelqu'un, ça leur est égal où ça se trouve. Les Touaregs trouveront à qui parler.

Gabès n'est pas le rêve comme rade, et il y avait là-haut une lune à faire suer les cailloux. Je me demande comment les arbis peuvent supporter ça avec leurs vêtements de laine et de poil de chameau. Mais ils prétendent que plus c'est lourd et moins on a chaud. J'aime mieux les croire sur parole et comme j'étais à moitié fondu, j'ai trouvé plutôt assommant de rester les quatre jours en attendant des ordres. Personne n'a mis les pieds à terre, pas même Fourgues, qui pourtant aime se dégourdir là où l'on va. Rien qu'à l'idée de se balader dans cette fournaise, chacun préférait rester à bord à moitié nu. Enfin on a reçu l'ordre de filer pour Brest. Fourgues a cru que c'était une blague et qu'on avait mal transmis le télégramme ; mais c'était bien Brest. Fourgues pense que le patron est derrière tout ça et qu'il essaye de faire faire au *Pamir* des tas de circuits compliqués parce que ça augmente l'argent qu'il touche. Je crois qu'il a raison.

En route pour Brest, et bien contents de quitter la Méditerranée au moment où l'on y cuit. Et puis il y avait un bout de temps qu'on n'avait pas vu le pays ni lu des journaux. Tout le monde croyait qu'on y resterait quelque temps, histoire de se remettre un peu à la coule et d'avoir des nouvelles. Tu ne peux pas t'imaginer comme ça pèse à la longue de ne jamais rien savoir. Sur ton *Auvergne* vous recevez tous les radios de France et d'ailleurs, et il y a des tas de télégrammes qui passent et qui expliquent les choses. Sur le *Pamir* on est comme des bourriques, puisque les journaux ne disent rien sur la marine. On voit bien la rubrique « marine », et puis un blanc. Les gens du pays croient qu'on ne fait rien. Déjà qu'ils ne la connaissent pas la marine, ce n'est pas pour lui faire comprendre ce qu'on peut turbiner sur les barques comme la tienne ou le *Pamir*. On parle de la marine de guerre, encore un petit peu. Mais nous, du commerce, tout ce que nous avons dans les feuilles, c'est quand un cargo se fiche au sec ou fait naufrage ou bien rentre dans un autre ; alors le public s'imagine que les bateaux de commerce passent le temps dans les ports ou bien à additionner les catastrophes ; pourtant nous sommes au moins aussi utiles que les postiers, les cheminots, les fabricants d'obus, dont les journaux et les ministres parlent tout le temps. Seulement, ceux-là sont sur place et se font entendre. Nous, on est bien certains de ne pas nous voir arriver avec nos bateaux sur la place de la Concorde, et l'on caviarde ce qui nous concerne. Tout de même c'est pas juste. Mais voilà que je fais de la politique. C'est Fourgues qui déteint sur moi, et aussi que je ne suis pas allé à La Rochelle.

A peine arrivés à Brest, on nous a bourré de fusils pour les Russes, qui se battent avec des morceaux de bois en Pologne, à ce qu'il paraît. Jamais je n'ai vu tant de fusils de ma vie, et il y en a des chargements entiers qui partent comme cela d'Angleterre et d'ailleurs. Le *Pamir* a pris aussi des revolvers, des mitrailleuses, toutes les petites armes, quoi ; les cartouches sont parties sur un autre bateau. Toutes les autorités nous pressaient et l'on venait d'heure en heure voir à bord si nous étions prêts à partir, parce que nous devions aller rapidement devant Trondhjem, en Norvège, pour y attendre des cargos arrivant d'Amérique et d'Angleterre et faire course avec eux jusqu'en Russie, sous la protection de croiseurs britanniques. Bref, c'était archi-pressé, les Russes attendaient leurs fusils et c'était une question de minutes. Tu penses si au milieu de tout cela on a eu le temps d'aller à terre, sauf Fourgues pour les affaires de service. Plus on embarquait, plus il en arrivait ; on a mis des caisses partout, sur le pont, sur le gaillard, dans les chambres disponibles, et il n'y avait plus moyen de circuler. Un incendie là dedans, et ça aurait été du propre, toutes ces caisses en bois et ces ustensiles bien graissés. Mais Fourgues dit qu'il a de la veine et qu'il faut reconnaître que c'est vrai.

Le *Pamir* est parti sans même que j'aie eu besoin d'acheter un indicateur des chemins de fer, et ça m'a fait cœur gros de passer le Goulet. Ma fiancée va croire que je ne veux pas, parce qu'elle est comme tous les civils qui s'imaginent qu'on fait ce qu'on veut… Et puis, tu sais ce que c'est, après deux ou trois jours, on est repris par le métier et on se dit que tout cela se tassera. Comme le Pas de Calais n'est pas sain, on nous a donné l'ordre d'aller à Trondhjem par le canal d'Irlande, et nous avons vu des contre-torpilleurs anglais qui croisaient à l'endroit où, il y a un an, ils nous avaient annoncé la guerre.

« C'est peut-être les mêmes ! a dit Fourgues. Hein ! petit, on a bouffé quelques milles depuis ce temps-là, et le *Pamir* est toujours solide au poste. » Ça, c'est vrai. Il ne fait jamais très beau vers la Norvège, mais le *Pamir* était tellement lourd que le cambouis lui passait dessus sans qu'il bronche. Il se traînait comme une tortue, par exemple, mais malgré ça on était en avance devant Trondhjem. Comme on continue à n'avoir pas de T. S. F., Fourgues n'a pas pu savoir si on était devant ou derrière le convoi, et, après avoir roulé tout un jour en vue de la côte, il est allé dans le fjord parce que ce n'était pas la peine de brûler du charbon, et de fatiguer la barque pour rien. Le sémaphore nous a signalé qu'il n'avait pas vu passer de convoi au large et qu'il nous préviendrait. Alors Fourgues a été plus tranquille et est allé mouiller dans le fond parmi d'autres bateaux qui attendaient aussi. On a attendu deux jours et on se serait plutôt ennuyé, malgré les nuits claires et le soleil de minuit et les eaux calmes et tout ce que racontent les terriens qui n'ont fait qu'une traversée dans leur vie et n'ont jamais reçu un vrai coup de tabac sur la figure, mais ce sacré Fourgues ne peut mettre l'ancre quelque part sans rencontrer une vieille connaissance. A Trondhjem c'était un vieil Américain avec qui il avait fait la bombe dans le temps sur les côtes du Chili, et qui depuis la guerre fait les États-Unis, la Norvège et la Russie. Ils se sont reconnus à la jumelle parce que les deux bateaux étaient mouillés l'un près de l'autre, et l'Américain, Flamigan ou Flannigan, a pris son canot pour venir à bord. Les deux compères se sont sauté au cou ; ça faisait dix ou douze ans qu'ils ne s'étaient pas vus, et pendant qu'on est resté dans le fjord, Fourgues, Flannigan et moi n'avons pas dévissé d'être ensemble. Il y avait aussi le second de Flannigan, mais celui-là fume sa pipe, boit du whisky et ne parle jamais. Mais si jamais tu rencontres Flannigan, tu peux y aller carrément ; il a la langue bien pendue, et n'a pas peur de dire ce qu'il pense. Fourgues lui a tout de suite demandé s'il était allé en Allemagne, mais l'autre a juré ses grands dieux que non, quoiqu'il transporte des marchandises pour là où sa compagnie lui donne l'ordre, sans avoir à demander chez qui ça va. Il a affirmé qu'il n'avait pas dépassé la Hollande, ni le Danemark ; mais ça n'est pas tout à fait sûr, et il a dû dire ça pour ne pas nous faire de peine. D'ailleurs, il aime bien la France et un peu moins l'Angleterre, étant de père irlandais, mais par-dessus tout il est Américain et il nous a raconté des tas de choses dont on ferait bien de faire son profit en France. C'est tout de même amusant d'avoir entendu celui-ci sur les affaires du Nord et Plantat dont je crois t'avoir parlé sur celles d'Orient, dans l'intervalle de quatre mois. On a comme ça des idées sur les à-côté de la guerre et sur ce qui se pense un peu partout. Tu ne m'en veux pas de te dire ce que j'entends ici et là, n'est-ce pas ? Tu n'es pas forcé de rien croire quoique je ne t'écrive que ce que je vois ou j'écoute. Et puis, que veux-tu, des types comme Plantat et Flannigan, c'est comme des journaux qui ne sont pas censurés, alors il y a plus de chances qu'ils disent la vérité. Flannigan assure que les Allemands ne naviguent plus beaucoup, parce qu'ils ne veulent pas risquer les navires de commerce sur l'eau où les bateaux de l'Entente finissaient par les crocher, mais tout ça c'est une astuce pour avoir après la guerre des bateaux qui ne seront pas fatigués et quasiment tout neufs pour reprendre le commerce universel, tandis que toutes nos marines marchandes seront sur le flanc. Et au fond, Flannigan ne doit pas avoir tort, car, si on fait trimer tous les bateaux comme le *Pamir*, ça durera ce que ça durera, mais les bateaux boches seront autrement en état que les nôtres. Fourgues ajoute que ce n'est pas la peine d'essayer de lutter contre cela, car les nations alliées ne fabriquent plus un seul bateau, et qu'un bateau ça ne se construit pas en cinq minutes, comme un régiment. Donc, de ce côté-là, si nous ne nous y prenons pas à l'avance, nous sommes sûrs d'être raclés à la première paix par les Boches, qui reprendront du coup tout leur trafic antérieur et même tout celui que nous aurons perdu. Les Allemands disent tout cela chez les neutres, et ce qu'il y a de mieux, d'après Flannigan, c'est que leurs grandes maisons de commerce et d'industrie, en Saxe ou en Westphalie, envoient dans le monde entier des catalogues de produits livrables pendant la guerre, à quatre ou six mois après la commande. Ça, c'est le bouquet ! Fourgues a dit à Flannigan que c'était un bluff des Allemands ; mais pas du tout : Flannigan est allé chercher à son bateau la copie des connaissements de marchandises prises à Rotterdam ou à Bergen ou ailleurs en pays neutre, et nous a prouvé, pièces en mains, qu'il avait transporté des cargaisons de produits faits en Allemagne depuis la guerre, et qu'il n'était pas le seul. Tout ça va au Brésil, aux États-Unis, et partout où il y a des acheteurs. Il a même affirmé qu'il y avait quelques centaines de mille tonnes qui étaient passées en France par les pays neutres, et que nous avions payées avec notre bel argent. Qu'est-ce qu'il faut croire, après, mon vieux de l'*Auvergne*, quand les journaux nous chantent, en même temps que les ministres et les autres, que l'Allemagne est ruinée économiquement et qu'elle meurt de faim ? Flannigan ne doit pas raconter des histoires, car il faut bien que les neutres trouvent leurs marchandises quelque part, puisque la France ne produit plus rien et que l'Angleterre commence à en avoir assez à elle toute seule. Quant à la nourriture, Flannigan dit que la famine en Allemagne est une bonne histoire, et qu'il faudra que nous nous mettions à faire un peu mieux le blocus si nous voulons qu'elle se serre le ventre. Tout cela n'est pas très amusant à entendre, mais quand c'est quelqu'un de sincère qui le dit, et quelqu'un qui a vu les choses, on n'a qu'à regretter que cela ne se sache pas au pays, et qu'en tout cas on ne fasse rien pour y remédier. Ce n'est pas tout de dire qu'on aura la victoire, il faut tout de même empêcher les Boches de se payer notre tête.

Ils ne s'en privent pas d'ailleurs, et nous l'avons bien vu dans les journaux allemands que Flannigan a cherchés sur son bateau et qu'il nous a traduits pendant des heures, vu que ni moi ni Fourgues ne savons cette langue. Tu dois savoir tout ce qu'il raconte, puisque l'*Auvergne* attrape leurs communiqués de T. S. F., et je ne te raconterai pas ça. Mais à des tas de petits détails, on voit qu'ils tirent les ficelles et que nous marchons après. Ça nous est défendu, par exemple, de dire où est la flotte anglaise ; eh bien ! les journaux illustrés à un sou donnent aux Allemands les photographies de la flotte anglaise, le nom des bateaux, des mouillages, le nombre des canons et tout... Personne ne sait, en France, le nom des généraux français qui commandent les armées, ni le numéro des secteurs, mais les journaux allemands servent ça tous les matins à leurs lecteurs. Quant à l'espionnage maritime, Flannigan a répété cent fois que les Allemands en savent plus que n'importe quel amiral de l'Entente, et qu'avant que la nouvelle d'un mouvement de cargo ou de cuirassé allié arrive à Paris ou à Londres, on le sait déjà à Berlin et l'on donne des ordres en conséquence.

Ça ne serait rien si on en restait là, mais Flannigan dit que les Allemands ont compris que l'affaire maritime se résoudrait pour eux avec les sous-marins. Il a donné des détails tellement précis qu'on a bien vu qu'il était allé là-bas et avait entendu parler les Allemands chez eux. Alors il s'est un peu ressaisi, mais ce qui est certain, c'est que les Allemands construisent un type sérieux de sous-marins avec canons, mines, etc., qu'il leur faut du temps pour en fabriquer une série, mais qu'ils nous préparent en temps voulu quelque chose de salé comme guerre sous-marine. Fourgues a répété à Flannigan comme on s'est moqué de lui en armée navale et à Paris quand il avait parlé de sous-marins, et l'autre a répondu que ça nous regardait si nous attendions que la fête commence, que les Allemands ne se gênaient guère pour l'annoncer, et que quand nous serions dans le pétrin, ça ne nous avancerait pas de dire que ce sont des pirates, pendant qu'ils nous couleraient des bateaux. Pour cette affaire de piraterie, Flannigan, qui est pourtant partisan de la liberté des mers, puisqu'il est neutre, dit que tout le monde se moque de nous, Alliés, avec nos scrupules de La Haye, et que les Allemands ne se gêneraient pas plus sur mer qu'ils ne se gênent sur terre, s'ils en avaient les moyens, vu que c'est le vainqueur qui fera les nouvelles lois internationales, et qu'avec les sous-marins les Allemands montreront bien que les anciennes ne comptent plus. Il a tenu un bon raisonnement, Flannigan :

— Vous avez établi une frontière avec l'Allemagne par le traité de Francfort, et vous l'avez fait connaître diplomatiquement au monde entier. Est-ce que cela a empêché l'Allemagne de vous envahir par où elle a pu, et vous d'entrer en Alsace que vous aviez reconnue comme possession allemande ? Donc, quand la guerre sévit, les traités ne comptent plus, puisque votre premier effort a été de les détruire. Alors qu'est-ce que vous venez chanter avec les traités internationaux ? L'Allemagne s'en moque et compte sur la victoire pour les changer à son avantage. Pourquoi n'en faites-vous pas autant ? Tout ce qui vous lie à l'Allemagne est déchiré. Sa signature ne vaut plus rien, mais vous continuez à vous empêtrer là dedans, et tout le monde trouve que c'est l'Allemagne qui fait la guerre, et vous qui suivez avec six mois ou un an de retard. C'est comme ces cartes de viande, de sucre, ces recensements et tout, dont vos journaux se moquent tant qu'ils peuvent en disant que l'Allemagne est à bout et que l'hiver prochain elle est morte, vous y viendrez aussi si la guerre dure. Mais l'Allemagne, qui a préparé la guerre pendant la paix, prépare la paix pendant la guerre. Elle fait tout de suite, avant d'avoir l'air d'y être forcée, ce que vous serez obligés de faire contraints et forcés par les circonstances. De même pour les gaz asphyxiants, les liquides enflammés et toutes les horreurs dont elle se sert : quand vos poilus en auront assez de crever comme des mouches, vous comprendrez qu'il est aussi naturel de tuer le monde avec du feu et du poison, qu'avec des obus et des balles. Bref, mes garçons, si vous voulez ne pas en avoir pour des années et avoir la victoire, remuez-vous un peu, parce que l'Allemagne ne ratera pas un seul moyen de vous embêter.

Je n'en finirai pas de te raconter tout ce qu'a dit Flannigan. D'ailleurs, tout ce qu'il a dit a été confirmé pendant une promenade qu'on a faite à terre avec lui ; on a causé à des Norvégiens qui étaient allés en Allemagne. Ils nous ont parlé des zeppelins qui parcourent tous les jours la mer du Nord et la Baltique, tandis qu'il n'y a pas un ballon autour de l'Angleterre ou de la France.

Alors, ce n'est pas la peine de raconter qu'on aura les Allemands sur mer.

Dès qu'un contre-torpilleur anglais arrive en mer du Nord, les zeppelins l'annoncent dans les ports, et il n'y a plus personne dehors que des sous-marins ou des mines. Sans blague, la guerre sur l'eau n'est plus ce qu'elle était avant, mon vieux, mais il n'y a que les Boches qui ont l'air de s'en être aperçu. Les Norvégiens et les Suédois qui étaient là n'ont pas dit grand'chose d'autre, parce que nous étions Français, par politesse, mais on comprend qu'ils croient que l'Allemagne a le bon bout, et qu'après avoir choisi de faire la guerre, elle la fait mieux que nous.

Fourgues et moi nous nous sommes rappelé tout ça quand on est parti et on en a parlé jusqu'à Arkhangel. Le *Pamir* a rattrapé le convoi allié à dix milles au large de Trondhjem et on a fait ensemble le tour de la Norvège. Il y avait deux croiseurs anglais, quatre destroyers pour accompagner quatorze bateaux de commerce. C'était du beau convoyage, et toutes ces barques ressemblaient à une escadre de guerre. Mais les gens qui décident la formation des convois feraient bien de ne pas mettre ensemble des bateaux filant quinze nœuds avec d'autres qui en font tout de suite sept ou huit en cassant tout.

Après deux jours de navigation, le *Pamir*, qui tenait la bonne moyenne, commençait à ne plus voir ceux qui étaient le plus en avant, pas plus que ceux qui étaient à la traîne. Les convoyeurs couraient du Nord au Sud pour mettre de l'ordre dans tout ça. On s'est rassemblé tant bien que mal. Mais après le cap Nord, il y a eu une petite séance de clapotis bien tassée, avec roulis et tangage et pas plus de vue que dans un tunnel. Ça a duré une vingtaine d'heures. Quand le beau temps est revenu, nous n'étions plus que six sur quatorze. Les rapides s'étaient trottés, les culs-de-jatte avaient disparu on ne sait où. Naturellement, les absents n'avaient pas la T. S. F. et les convoyeurs ont passé trois jours à les chercher. Il y en avait un qui avait eu une avarie de gouvernail et s'était collé sur des cailloux pointus qu'il y a par là ; il s'est ouvert en deux ; les convoyeurs ont pu repêcher son monde, mais sa cargaison ne risque pas d'arriver au front russe.

Enfin, le convoi est arrivé à Arkhangel à la queue leuleu, par paquets de trois ou quatre. C'est le bon moment. Avant un mois et demi ou deux, tout sera gelé, au propre et au figuré. Ce n'est tout de même pas avec des quatorze cargos, ni des cinquante, ni des cent, qu'on pourra leur donner aux Russes tout ce qui leur manque ; la flotte du monde entier n'y suffirait pas. Mais enfin on fait bien de leur passer tout ce qu'on peut. Ça leur apprendra, à eux comme à nous, de laisser les Allemands s'introduire partout. A la déclaration de guerre, il paraît que les trois quarts de leurs usines ont été arrêtées, parce que c'étaient des Boches qui les conduisaient. La mécanique ne s'apprend pas en quarante-huit heures, j'en sais quelque chose avec le tourne-broche du *Pamir*, et si tu ajoutes que les Boches leur ont chipé toutes leurs usines de Pologne, tu vois d'ici pourquoi le *Pamir* et les autres copains rappliquent à Arkhangel avec du matériel de guerre.

On nous avait embarqués à Brest, sans même me donner quarante-huit heures pour aller à La Rochelle, sous prétexte que les Russes nous attendaient comme le Messie. Mais ici, ça ne presse pas. On a déjà mis vingt jours à débarquer une partie des quatorze barques, et ce n'est pas près de finir. Au moment où je t'écris, le *Pamir* a seulement sa cale avant de vidée et la cale arrière peut attendre. On nous a enlevés des quais, à cause d'un autre convoi qui est arrivé pendant ce temps, et qu'on a commencé à vider. Quand tous les bateaux sont à moitié déchargés, on est sûr qu'ils ne repartiront pas et on les laisse moisir dans un coin.

D'ailleurs, qu'on se presse ou non, c'est la même chose. Les affaires restent sur les quais, en pile, sous la pluie et au vent, et il arrive de temps en temps un train qui prend ses aises, qui charge un petit tas sans se presser et repart dans deux ou trois jours. Quand il arrivera aux Carpathes, c'est que le chemin de fer se sera mis en pente. Partout ici c'est la même chose. Ils disent que la Russie est grande et qu'elle est invincible, que cela durera dix ans, que les Boches arriveront à Moscou... *Nitchvo !* Napoléon en est reparti, et l'affaire russo-japonaise n'a pas été une défaite. Voilà, mon vieux, le pays où je me trouve en ce moment. Fourgues ne tenait plus en place au début, de voir que le *Pamir* croupissait sans rien faire. Maintenant, il a trouvé des camarades, des officiers de marine et de guerre russes qui viennent à bord et avec qui il déjeune à terre. Quand je lui demande ce qu'on va rester de temps ici, il me répond : « *Nitchvo* », avec son accent du Midi, et les Russes se tordent. Ils boivent sec et essayent d'entraîner Fourgues, mais lui ne bronche pas sur l'alcool, et il en profite pour les empiler au poker ; puisqu'on s'empoisonne ici, il en profite pour se faire des rentes, le malin. Le matin, pendant la propreté, il me raconte ce qu'ils lui ont dit pendant qu'ils étaient à moitié pleins : il y en a pas mal qui sont germanophiles, dans la noblesse surtout. Il paraît qu'il y a eu des histoires formidables à la cour et dans les ministères. Quand j'essaye de pousser Fourgues, il me répond que ce n'est pas à dire, mais que tout de même on est plutôt content d'être Français, parce que chez nous, si on fait des bêtises à la pelle, personne n'y travaille pour le roi de Prusse. Comme Fourgues ne blague jamais sur ces affaires-là, je crois qu'il en a entendu des vertes, en particulier sur les chemins de fer. Les wagons se perdent en Russie, et même les trains entiers, sans qu'on sache jamais ce qu'ils sont devenus. Qu'est-ce qu'ils diront, ceux de Brest, quand on leur racontera qu'on est resté plus de vingt jours avec leurs fusils.

Enfin, hier, Fourgues a dit qu'il en avait plein le dos d'Arkhangel, de la vodka et du poker ; peut-être qu'il y avait perdu. Il a attrapé l'officier du port qui arrivait la bouche enfarinée, et on lui a promis que demain le *Pamir* serait vidé. Ça veut dire encore huit jours. A tout hasard, comme un des croiseurs anglais repart ce soir pour la Roumanie, je lui passerai cette lettre, où je vais avoir fini mes vingt pages. Tu n'as pas à te plaindre, hein, vieux ? D'ailleurs, tu es gentil, tu m'envoies des nouvelles tant que tu peux, et puis il y a tes livres. J'ai fini le premier volume de l'histoire maritime. Je t'en parlerai si j'y pense. A part la lecture, je m'ennuie ferme, car au train dont va le *Pamir*, je me demande où on va bien nous envoyer la prochaine fois, et pendant ce temps-là que devient La Rochelle ? Enfin, espérons que ce sera pour la fin de l'année, la paix ou le mariage. Ne te moque pas de moi, mon vieux, j'en ai ma claque.

Moudros, 18 décembre 1915.

Nous voilà tout de même revenus dans le Levant, mais ce n'est pas sans aventures, et l'on ne peut pas dire que ce soit très drôle d'avoir fait tout le tour de l'Europe, depuis Arkhangel jusqu'aux Dardanelles pour tomber dans le pétrin où nous sommes. J'ai reçu à Toulon ta longue lettre de fin septembre, en réponse à la mienne d'Arkhangel, et je te remercie beaucoup. Je t'en parlerai si j'en ai le temps, mais pour le moment je vais te raconter les aventures du vieux *Pamir* depuis trois mois. Nous voilà devenus comme qui dirait des Juifs errants. Plus ça va et plus on croche les bateaux marchands où ils se trouvent, et on leur met n'importe quoi sur le pont pourvu que ça parte, — et aïe donc !

Fourgues a fini par faire débarquer son matériel à Arkhangel et il a réussi à partir en dehors d'un convoi. Il dit que ce n'est pas la peine de perdre du temps avec des bateaux qui ne marchent pas et que, quand on est trop de patouillards et pas assez de convoyeurs, ça fait une trop belle cible pour les sous-marins. Tout de même partout où l'on a touché à terre, je me suis aperçu que Fourgues n'avait pas si tort de dire au début que les sous-marins finiraient par compter. Les officiels trouvent qu'ils commencent à être gênants. Qu'est-ce que ça serait si les ronds-de-cuir étaient obligés de circuler sur l'eau ; ils trouveraient peut-être autre chose à dire que : « Bah ! il ne faut pas croire tout ce qu'on raconte là-dessus, et puis on coule tellement de sous-marins que bientôt il n'en restera plus. » Après cela, il n'y a plus qu'à tirer l'échelle. Motus dans les journaux et ailleurs. Je te raconterai mes petites remarques au fur et à mesure.

Le *Pamir* avait ordre d'aller à Newcastle pour recevoir des ordres et, au cas qu'il n'en trouverait pas, pour charger du charbon. Nous avons été assez secoués parce qu'on avait le ventre vide. Pendant le retour, le *Pamir* a croisé pas mal de bateaux qui allaient à Arkhangel. Ils feront bien de se presser, parce que la glace va commencer bientôt. Si les Russes ne se sont pas mis au travail sérieusement, ce n'est pas avec ce qu'ils ont reçu cet été qu'ils pourront enfoncer les Boches. A quoi cela sert-il de ne pas dire la vérité au public, puisque tôt ou tard il doit la connaître ? On lui raconte que dans quinze jours, dans trois mois, tout va marcher d'une façon épatante ; et puis trois mois après, ça va pareil ou un peu plus mal. A qui est-ce que le public doit s'en prendre ? A ceux qui l'ont trompé. Ou bien on savait que ça n'irait pas bien et ce n'était pas la peine d'annoncer que ça irait bien, et le public est obligé de croire que c'est la faute des dirigeants qui n'ont pas su se débrouiller. Il n'y a pas moyen d'en sortir, mais ce sont les gouvernants qui font fausse route.

A Newcastle, on nous a dit d'aller à Southampton pour charger du matériel pour le corps expéditionnaire anglais en France. Nous avons juste pris du charbon pour cette traversée et le *Pamir* a descendu la mer du Nord et le Pas de Calais. Les journaux racontent partout que le Pas de Calais est complètement fermé aux sous-marins allemands avec des filets et une foule de systèmes perfectionnés, et que les sous-marins qui voudraient aller en Atlantique ou en Méditerranée seraient obligés de faire le grand tour par l'Écosse, et qu'ils n'ont pas assez de rayon d'action, et qu'il n'y a plus rien à craindre des sous-marins. Je ne connais pas grand'chose à la question, mais rien qu'à voir ce que font les Allemands ailleurs, on peut s'attendre à ce qu'ils trouvent le moyen de franchir les trucs perfectionnés et à construire des sous-marins pour aller au bout du monde. Ça crève les yeux et c'est faire l'autruche de raconter le contraire. Fourgues dit qu'on aura un réveil pénible, mais qu'on mettra tout sur le dos des Boches, au lieu de reconnaître qu'on n'a pas pris ses précautions. Il se met dans de belles colères ; mais moi, pourvu que j'aille à La Rochelle, c'est tout ce que je demande.

A Southampton, on a embarqué des automobiles et des tracteurs pour l'armée anglaise, et l'on est allé les porter au Havre. J'ai eu le temps d'aller faire un tour à terre, où c'est plein d'affiches pour prier les gens de s'enrôler. Les Anglais ont tout de même l'air de se remuer un peu plus que l'an dernier, quand ils regardaient tout cela comme une guerre coloniale. Ça ne veut pas dire qu'ils soient encore touchés comme nous. Il y a chez eux des tas de Boches en liberté ; les maisons de commerce continuent à expédier des cargaisons chez les neutres voisins de l'Allemagne, et puis ce n'est pas de suite qu'ils auront refait une armée prête à se battre. La plupart des officiers de carrière ont été tués déjà, et l'on est obligé de faire des capitaines, des commandants avec de bons joueurs de cricket ou de golf. Il leur faudra le temps de se former. Pour le matériel, c'est la même chose ; ils ont à peine commencé à mobiliser leurs usines pour la production de guerre, parce qu'ils ne voulaient pas arrêter les exportations britanniques. Mais là, il n'y a pas grand'chose à dire puisque nous avons fait pareil et qu'il y a à peine quelques semaines que la France commence à prendre des matières là où il y en a, c'est-à-dire en Angleterre, en Amérique et en Espagne. Les Allemands s'y étaient pris de meilleure heure et ça fait une bonne année de perdue.

Il y a un bel encombrement au Havre, et l'on raconte que c'est la même chose à Rouen. C'est tout de même étonnant que les gens responsables laissent s'empiler les wagons, les marchandises et tout, dans les ports. Cela provient sans doute de l'ignorance générale en France sur tout ce qui touche les questions maritimes, et aussi de ce que les grands chefs de la marine de guerre qui commandent dans les ports de commerce ne connaissent rien au trafic. Toujours est-il que Fourgues a dû se battre pour faire débarquer sa marchandise au Havre. On l'a fourrée en tas sur le quai, et nous étions déjà partis qu'elle était encore là, sous la pluie. Pendant notre séjour, on nous a donné ordre d'aller à Marseille pour chercher du matériel pour l'armée d'Orient. Le *Pamir* aurait pu prendre sur le quai du Havre quelques centaines de tonnes qui étaient destinées à Toulon ou Marseille, ça aurait coûté moins cher de trafic ; mais elles étaient prévues pour y aller par chemin de fer et nous sommes partis sans rien. On a encore fait à l'œil la tournée d'Espagne, et l'on est quand même arrivé en avance, parce que notre chargement n'était pas tout à fait arrivé à Marseille, — toujours à cause des trains qui ne marchent pas. Les journaux peuvent raconter monts et merveilles sur les dispositions qui sont prises, et tous les succès qu'on doit remporter sur tous les fronts au prochain printemps, nous qui faisons le travail de transporter le nécessaire, nous voyons bien que ce n'est pas en continuant comme cela qu'on gagnera les Allemands de vitesse.

Ce n'est pas moi qui pèche par admiration des Boches, et puis, même sans cela, je leur en voudrais encore davantage pour le métier de cheval qu'ils nous font faire depuis un an et demi, et parce qu'à cause d'eux je ne vois pas trop quand je pourrai aller au pays.

Mais tout de même il y a des choses qu'ils font mieux que nous et qu'on pourrait leur prendre si l'on ne veut pas perdre des mois et des années de temps. A quoi ça nous avance de ne pas les imiter dans ces choses, elles sont aussi bonnes pour nous que pour eux ; ce n'est pas devenir des sauvages que de prévoir l'avenir. Nous serons bien avancés quand nous serons forcés de les imiter. Dans le livre d'histoire maritime que tu m'as passé, j'ai lu récemment que les coalisés ont battu Napoléon lorsqu'à force d'être battus ils ont imité Napoléon. Ça leur a tout de même pris quinze ou vingt ans, et s'ils s'y étaient pris plus tôt, ils n'auraient pas attendu aussi longtemps. Pourquoi est-ce que nous conservons en France des trains rapides et des trains express comme j'en ai vu arriver au Havre et à Marseille ? Il y a longtemps qu'en Allemagne, comme nous ont dit les Norvégiens et les Suédois, tous les trains vont à la même vitesse, les voyageurs entre les marchandises. Comme cela le trafic va sans s'arrêter ; tandis qu'en France, avec l'idée de faire croire aux gens de l'arrière que la guerre se gagnera comme une partie de manille, on met des tas de trains rapides qui ne servent guère qu'aux embusqués et qui obligent les obus et le matériel de guerre de s'arrêter à toutes les stations. Alors, comment veux-tu que les choses arrivent ?

J'ai ruminé tout cela pendant que le *Pamir* avait été envoyé au mouillage de l'Estaque près de Marseille pendant cinq ou six jours, parce qu'il n'y avait pas un seul mètre de quai disponible dans les ports de Marseille et à cause de l'encombrement des chemins de fer. Un jour, nous avons été vingt-quatre bateaux à rouler et à tanguer sous le mistral ; un autre jour, on a été trente-deux vides ou pleins qui gagnaient des mille ou deux mille francs par jour à ne rien faire. Tu parles que, si un sous-marin boche était venu dans cette rade ouverte, et pas de protection, vers les une heure ou deux du matin, il aurait envoyé au fond une bonne demi-douzaine de bateaux comme le *Pamir*, et serait parti de même sans qu'on ait eu le temps de dire : Pipe ! Mais les reste-à-terre, avec ou sans galons, ont dit que c'était une bonne plaisanterie, et que les sous-marins n'oseront jamais approcher les côtes de France, ici ou dans l'Océan. Avec ça, il n'y a plus qu'à se ramasser et à attendre la torpille les bras croisés.

Enfin, on nous a remorqués de l'Estaque à Marseille, et alors que les autorités nous avaient fait poser pendant près d'une semaine sans rien faire, il a fallu que nous embarquions trois mille tonnes de marchandise dare dare, sans dételer ; la patrie était en danger si le *Pamir* ne fichait pas le camp dans les quarante-huit heures. On nous a fait dégouliner dans les cales la valeur d'une trentaine de trains ; ils arrivaient à la queue leuleu ; le jour, la nuit, on n'a pas débridé. Le *Pamir* était au diable vauvert dans le bassin d'Arenc, et toute la camelote était pour Moudros : des voitures, des vivres, des obus, des canons, des chaussures, de tout, je te répète.

Ça tombait comme ça arrivait, et il fallait que j'arrime tout. Tu vois comme c'était facile. Fourgues n'a pas cessé d'écumer, disant que, si on trouvait du mauvais temps, toute la cargaison se mettrait à danser. Mais on l'a prié de se taire, et proprement ! Il y a eu un train qui est arrivé avec des caisses pour Milo. On avait dû se tromper et ce n'était pas pour le *Pamir*, mais pour un autre bateau. Ça est arrivé vers minuit, la deuxième nuit, et j'ai dit au contrôleur militaire qu'il devait y avoir erreur. Qu'est-ce que j'ai pris ! Il m'a attrapé comme une morue, disant que : Moudros, Milo, et toute la boutique, c'était l'Orient, qu'il avait ordre de mettre dans le *Pamir* tous les trains qui arrivaient et que je n'allais pas faire retourner celui-là, alors qu'on était déjà en retard. En voilà un qui ne doit pas trop savoir ce que c'est que la géographie. Moi, j'ai embarqué les affaires pour Milo, puisque le bonhomme de la guerre m'en donnait l'ordre. J'ai raconté ça à Fourgues le matin, et il l'a dit au type de la marine qui est venu pour nous donner les ordres de route. Alors le type de la marine s'est mis en colère, et a dit que nous étions trop andouilles d'embarquer des affaires pour Milo quand tout le fourbi était pour Moudros. L'autre de la guerre était parti pour prendre son café. Celui de la marine l'a cherché, et ils se sont dit des gentillesses. Enfin, il a été entendu que le *Pamir* s'arrêterait en route à Milo et y débarquerait ses caisses pour Milo et puis qu'il irait après à Moudros. On boucle les cales, on met en place les panneaux et l'on était prêt à démarrer du quai, quand arrive un autre train avec douze caisses d'avions, qui s'arrête devant nous. Le sous-officier convoyeur saute à bord et demande le commandant :

— C'est vous le *Pamir* ?

— Un peu, dit Fourgues.

— Eh bien ! voilà douze avions que vous devez prendre.

— Ça, mon vieux, vous les mettrez à la remorque si vous voulez, mais quant à prendre douze avions à bord c'est midi passé, nos cales sont pleines.

— Pas du tout. Voilà deux jours que j'attends à Miramas et j'ai reçu cette nuit l'ordre d'embarquer les douze avions sur le *Pamir*. *C'est de première extrême urgence.*

— Ah! oui, et depuis quand est-elle partie de Paris votre première extrême urgence ?

— Depuis vingt-trois jours !

Qu'est-ce que tu veux, mon vieux, ça vous désarme des coups pareils ! Quand Fourgues a entendu que ce pauvre bougre était depuis vingt-trois jours avec douze avions sur les bras sur les grands chemins de France, il a dit qu'il allait essayer de prendre ce qu'on pourrait. Nous avons pu en caser six, trois devant, trois derrière. Ce sont des petits monuments de caisses et quand ça se trimballe au bout du treuil, il faut veiller à ne pas recevoir un coin dans la mâchoire ! Et puis, pour arrimer ça ! Il y avait juste la largeur, et on a fourré des ficelles par-dessus pour les amarrer à bâbord et à tribord. Elles montaient jusqu'à la passerelle, les caisses. Mais le bonhomme de la guerre est revenu à la charge et a dit que, puisque le *Pamir* avait ordre de prendre douze caisses, il fallait embarquer les six qui restaient, quitte à faire une deuxième rangée au-dessus de la première. Alors Fourgues a lâché la grande bordée ; il a sorti des jurons que je ne connaissais pas encore, mais qui sont bien, je te le garantis. Il a dit que son bateau était plein comme un œuf, que ce n'était pas l'habitude d'empiler de la cargaison jusqu'au haut des mâts ; qu'il avait besoin d'y voir pour naviguer ; qu'il n'était déjà pas sûr que les six premières caisses ne ficheraient pas le camp à l'eau au premier coup de tabac, et que les six autres iraient peut-être là-bas par la voie des airs, mais sûrement pas par le *Pamir*. Là-dessus il a donné l'ordre d'appareillage et l'on s'est cavalé, pendant que les trois citoyens, le convoyeur, le militaire et le marin, s'attrapaient comme des putois sur le quai.

Heureusement qu'on n'a pas eu le gros mauvais temps de Marseille à Milo. Rien que du roulis et du tangage ordinaires, juste assez pour nous donner la frousse sur l'arrimage de la cargaison. On entendait des bruits sourds de colis qui se promenaient dans la cale, et il doit y avoir de la camelote dans un bel état. On n'a pas encore ouvert…, mais ce sera du propre, et c'est nous qui serons empoignés. Mais Fourgues fera de la musique, car il n'aime pas encaisser quand c'est la faute des autres. Je ne sais pas trop comment seront les avions emballés dans les caisses. Comme elles étaient sur le pont, elles avaient de grands mouvements, et nous avons eu beau raidir les ficelles d'amarrage, les caisses se promenaient un peu et ça faisait « boum » à chaque coup de roulis.

A Milo, personne n'a voulu débarquer nos colis qu'on avait pris sur le mauvais train, parce que le chef de l'unité militaire à qui ils étaient destinés et qui devait se trouver là était parti depuis plusieurs jours. Nous n'avons pas encore pu savoir où il faudra le trouver. Dire que c'est tout le temps la même chose ; il y a de quoi rager. Sur cette rade de Milo, il y avait un tas de navires de guerre, français, anglais, russes et italiens, parce qu'il paraît qu'on est prêt à bondir sur les Grecs s'ils continuent à continuer. Les Anglais, qui sont arrivés les premiers, n'ont pas fait long feu pour installer les filets et un barrage contre les sous-marins. C'est très gentil de dire, dans les journaux et à la tribune, que les sous-marins n'existent pas... mais il vaut mieux prendre des précautions, parce qu'ils commencent à caramboler des bateaux un peu partout. Fourgues dit qu'il aurait préféré avoir eu tort, mais que tout ce qu'il pensait commence à se réaliser sur mer, et que c'est fichant d'avoir été Cassandre à ce point-là. Pendant ce temps, le *Pamir* continue à ne pas avoir la T. S. F. ni des canons, ni rien pour se protéger contre les sous-marins. Il n'est pas seul. A Milo et à Moudros, où nous sommes maintenant, il y a sept ou huit bateaux sur dix qui n'ont pas la T. S. F., et je te prie de croire qu'il faut entendre les commandants et les officiers de ces cargos-là. Mais qu'est-ce que ça peut faire tout ce qu'ils disent et qu'ils pensent ? On sait bien qu'ils marcheront toujours. S'ils sont culbutés par un sous-marin, on mettra dans le journal : «La piraterie boche. — Tel bateau a été coulé. Il ne transportait pas de personnel militaire. »

Tiens ! c'est trop idiot la manière dont on conduit les affaires de mer.

Le *Pamir* est allé tout droit sur Moudros. Il n'a rien débarqué du tout. Tu ne peux pas avoir une idée du déballage qu'il y a dans tout le pays. On évacue partout. Adieu Constantinople et la fin de la Turquie ! Adieu Gallipoli, les Dardanelles, la côte d'Asie ! Adieu tout ! Tout ça s'en va à Salonique, le matériel et le personnel qui n'a pas claqué ! On va sauver la Serbie s'il n'est pas trop tard. Suvla est vidé. Les Anglais y ont laissé des millions de matériel auquel ils ont fichu le feu. Seddul-Bahr, Kum-Kalé, on emballe tout pour former une armée d'Orient, et ce n'est pas trop tôt qu'on ait pensé à mettre du monde à Salonique, sans quoi je me demande où les Boches se seraient arrêtés. Il paraît que c'est une idée de notre Président du Conseil. C'est rudement chic qu'il ait mis le doigt là-dessus, car il y a plusieurs mois que l'affaire des Dardanelles était cuite. Avec une armée à Salonique et une armée franco-anglaise, on empêchera les Boches de descendre. Qu'est-ce qu'ils pourraient nous embêter en Méditerranée s'ils avaient la Grèce et le Péloponnèse, je me le demande. Mais tout ça c'est encore de la politique.

Le *Pamir* attend à Moudros. On prend tous les bateaux vides pour évacuer à tour de bras. Nous, nous sommes pleins comme une huître, et on nous laisse ici parce que toute la place est prise à Salonique. Où est-ce que nous pourrons bien débarquer notre marchandise, nos avions, notre boustifaille ? Je n'en sais pas plus long que toi. Ce qu'il y a de certain, c'est que rien de ce que nous avons pris à Marseille n'arrivera à destination. Oh ! cela pourra toujours servir à l'un ou à l'autre, mais tout est chambardé dans ce pays-ci et tout ce que le *Pamir* pourra faire, c'est de débarquer nos cales sur le quai où on lui dira, sans s'occuper de ce que ça deviendra. Tout ça, mon pauvre vieux, n'est pas très gai.

Combien de temps va-t-on rester ici ? Fourgues se démène, mais cela n'avance à rien. Les autres bateaux vont et viennent, le *Pamir* ne reçoit pas d'ordres. Je souhaite qu'il aille à Salonique, histoire de voir ce qui se passe de ce côté-là. Mais depuis le début de la guerre rien n'est arrivé de ce qu'on attendait. Alors, je m'en contrefiche, aussi longtemps que je ne vais pas à La Rochelle.

Au revoir, vieux, j'ai reçu ta dernière de Bizerte où l'*Auvergne* était au bassin. Tu me racontes pas mal d'histoires de l'armée navale. Je voudrais bien te dire ce que j'en pense, mais un bateau va partir pour Malte et je vais lui passer cette lettre-ci. Tout ce que je peux dire, c'est qu'il me semble que cela ne va pas plus fort sur les navires de guerre que sur les patouillards genre *Pamir*. Dieu veuille que sur terre, et dans la politique, et dans la diplomatie ils soient plus malins que nos chefs de mer ! Ce qui me console, c'est que les Allemands sont encore plus courges que nous ; sans quoi étant donnés leur préparation et nos ratés du début, il y a longtemps qu'ils auraient dû nous boulotter. Ne l'ayant pas fait, ils n'y réussiront plus. Sur cette pensée consolante je te souhaite la bonne année et j'espère que nous nous verrons en 1916. Je t'embrasse.

TROISIÈME PARTIE

Algérie, 30 janvier 1916.

Mon cher ami,

Devine qui j'ai rencontré hier. Je te le donne en mille. C'est Blangy ! Tu te demandais comme moi ce qu'était devenu ce farceur-là, qui ne nous avait pas donné signe de vie. Je suis tombé sur lui sous les arcades et j'ai commencé à l'attraper salement. Il m'a répondu que c'était toi et moi qui étions de grandes flemmes, attendu que nous avions des loisirs et que lui n'en avait pas eu. Enfin, j'ai vu qu'il n'a pas changé, et qu'il a toujours son poil dans la main pour écrire. Comme il avait sa soirée libre, on pris l'apéritif ensemble et il a invité Fourgues à dîner. Il n'a plus peur, Blangy, depuis qu'il commande un chalutier ; il traite Fourgues d'égal à égal. Pendant le dîner il nous a raconté ses aventures, et il y a de quoi remplir un almanach.

Il commande depuis six semaines un chalutier grand comme un piano, à moitié pourri, avec un canon gros comme une sarbacane, et qui ne serait pas capable de courir après un sous-marin boiteux. Ils sont pas mal comme cela en Méditerranée, dit Blangy, surtout ceux qu'on a mis sur les côtes d'Afrique et de Tunisie. La moitié du temps, il y a quelque chose qui ne va pas : gouvernail, drosses, servo-moteur, condenseur, pistons ou chaudières, et on répare tout ça comme on peut. Le reste du temps on rencontre des tempêtes dont les sous-marins se contrefichent, mais qui empêchent de naviguer ces pauvres mouilleculs de chalutiers. Alors tu vois ce que ça peut être la surveillance contre les sous-marins. Heureusement que les journaux disent que dans trois mois il ne restera plus un sous-marin boche, tellement on leur en a coulé. Blangy n'est pas de cet avis. Fourgues non plus, moi non plus. Nous pouvons bien t'écrire ça, mon vieux de l'*Auvergne*, car j'ai comme une idée que tu en penses autant ; nous ne sommes pas des officiers nous quatre. Blangy m'a dit de t'envoyer bien le bonjour, et il a bien ri quand je lui ai dit qu'à toi, le navigateur, on avait joué le même tour qu'à lui, de te mettre derrière un canon au lieu de t'envoyer sur la passerelle. Il te souhaite d'avoir aussi un chalutier ou autre chose qui te fasse naviguer. Il est très content, malgré ses avatars sur son rafiot pourri. Il se sent vivre. La fièvre et les rhumatismes sont partis ; et il n'attend que l'occasion de seringuer un sous-marin, à moins que ce ne soit lui qui le soit.

Je t'ai assez rasé avec Blangy, et je reviens aux aventures du *Pamir*, depuis Moudros jusqu'à Alger, c'est-à-dire depuis un mois et demi. Tu dois être étonné de me voir t'écrire si vite : je vais te dire pourquoi tout de suite. On a cueilli en mer des embarcations du cargo *Mer-Morte*, de la même compagnie que nous, qui avait été torpillé la veille. Dans cette embarcation il y avait Villiers, le mécanicien de la *Mer-Morte*, et le patron a autorisé Fourgues à le garder à bord. Comme ça je lui ai passé la moitié de mon travail, c'est-à-dire la machine, et j'ai un peu plus de temps devant moi. Je pourrais t'écrire davantage à moins que cela ne t'ennuie, auquel cas tu n'as qu'à me prévenir.

Tu te souviens que, quand je t'ai écrit, le *Pamir* était en carafe à Moudros avec du chargement pour un lot d'unités militaires variées. Je te garantis que le chargement n'est pas arrivé à destination parce que nous sommes tombés en plein remue-ménage. Tout le monde fichait le camp de là où il était, Gallipoli ou Asie. Les uns rentraient en France, d'autres en Égypte, la plupart à Salonique pour l'armée d'Orient, et personne ne pouvait nous dire quoi faire de nos trois mille tonnes et de nos six caisses d'avions. Fourgues est allé voir l'amiral français, puis l'amiral anglais, puis le chef de base française et puis le chef de base anglaise, et toutes les autorités. Tout le monde lui disait : «Le *Pamir* ? le *Pamir* ? Trois milles tonnes ? Matériel de guerre ? six avions ? Quoi faire de vous ? Vous demandez des ordres ? »

« A quoi cela sert, alors, disait Fourgues, d'avoir des amiraux et des chefs de base dans le pays où ça chauffe, s'ils ne sont pas capables de prendre une initiative et demandent des ordres à Paris pour une pauvre barque de trois mille tonnes ? » Tu penses que les ordres ne sont pas arrivés. On avait bien d'autres chiens à fouetter, à Paris ou à Londres. Nous y serions encore, si un beau soir Fourgues n'avait dit pendant le dîner :

— Mon petit, tu vas pousser les feux, et nous filerons au jour avec le convoi du matin. Nous irons à Salonique. Là ils auront tout de même besoin de matériel puisqu'il paraît que l'armée d'Orient va rentrer dans la Bulgarie. Quand le *Pamir* sera sorti de Moudros, ils ne nous rattraperont pas puisqu'ils ne veulent pas nous donner la T. S. F., et l'on verra bien à Salonique.

Il a fait comme il a dit, Fourgues. Le *Pamir* a appareillé au jour, s'est fourré derrière quatre patouillards qui sortaient du barrage, et personne n'a bronché. Fourgues rigolait sur sa passerelle.

— Tu vois, petit ! l'amiral français croit que j'ai des ordres du chef de la base militaire. Le chef de la base, que j'ai des ordres de l'amiral, et eux deux ils auraient laissé moisir ma cargaison, tandis que demain le général Sarrail sera bien content de la recevoir.

Peut-être que Fourgues avait raison. Mais peut-être aussi, quand ils ont vu partir le *Pamir,* l'amiral et le chef de la base ont pensé que ce n'était pas trop tôt d'être débarrassés de ce joueur de trombone, et se sont dit qu'il aille se faire pendre ailleurs. Fourgues a dit que ça lui servirait de leçon, et que, désormais, quand les autorités ne sauraient pas quels ordres lui donner, il se les donnerait tout seul, parce que ça le dégoûtait de faire gagner par jour des mille et quinze cents balles aux actionnaires sans rien faire.

Le *Pamir* est entré le lendemain matin à Salonique, parce qu'on a poireauté la moitié de la nuit devant le barrage de la rade. Ce n'est pas trop tôt que les amiraux français se soient mis à mettre des filets à l'entrée des rades, au lieu de faire comme au début de la guerre, où les sous-marins n'avaient qu'à venir. Tu peux m'en croire, mon vieux : les Allemands ont découvert cela avant nous, et les Autrichiens aussi, dans leurs ports de la mer du Nord, de l'Adriatique et de la Baltique ; et ils en trouveront bien d'autres pour lesquelles nous serons en retard de six mois ou un an. Ce qui m'épate, c'est que j'ai causé avec pas mal de jeunes marins de votre marine de guerre, et qu'ils voient tout cela très clairement. Quand je dis jeunes marins, c'est des gens entre trente et quarante-cinq ans, de ceux que les Anglais appellent déjà des *old Fogeys*[6]. Dans la marine française, ces vieilles badernes n'ont pas encore le droit d'avoir une opinion et pourtant ils y voient clair. On ne peut pas dire qu'ils ne connaissent pas leur métier, puisqu'ils n'ont fait que ça depuis dix-huit ou vingt ans. On ne peut pas dire qu'ils ne sont pas capables de commander, puisqu'en Angleterre ils commanderaient déjà une escadre ou une base navale, et qu'on voit couramment un vieux lieutenant de vaisseau français de quarante-cinq ans à trois galons aller demander des ordres à un jeune amiral anglais de quarante-deux ans à trois étoiles. Le contraire n'a jamais lieu. Est-ce que par hasard les Français ne seraient pas aussi malins que les Anglais ? Dis-moi si c'est ton opinion ou bien, après ton contact avec la marine de guerre, si tu penses que les amiraux français ne tiennent pas du tout à rajeunir les cadres supérieurs ? Je te dirais bien aujourd'hui tout ce que je pense là-dessus, et Fourgues aussi, mais je vois que ma lettre n'est pas encore finie rien qu'avec les histoires du *Pamir* et ce sera pour une autre fois.

[6] Vieilles badernes.

Il s'est trouvé que notre camelote a été rudement la bienvenue à Salonique. Les bonshommes de la guerre nous ont sauté dessus comme si on avait été des sauveurs. Des canons, des affûts, et des pioches et des pelles et de tout ce que le *Pamir* avait dans le ventre, il paraît qu'on n'en a pas de trop en Macédoine, d'autant plus que c'est la même chose pour tous les bateaux que pour le *Pamir*. Il y a des centaines de mille tonnes à transvaser d'un point à un autre, et personne n'ose prendre des initiatives, parce que le matériel de guerre dépend du grand quartier général de France ; que le grand quartier général n'est pas sur les lieux et ne donne pas d'ordres, mais que, quand on donne des ordres sur place, il n'est pas content et donne des ordres contraires, et qu'il n'y a pas moyen que ça marche avec un système comme ça. Alors tu penses si on a trouvé que Fourgues était un type à la hauteur d'abouler ses trois mille tonnes sans que personne ait eu à les demander. On n'a pas mis longtemps à nous vider. Mais c'est surtout les six avions qui ont été les bienvenus. Personne ne savait où ils avaient bien pu passer. Les six autres que le *Pamir* avait laissés à Marseille avaient été renvoyés d'urgence sur le front français, où il y a de la casse, et où il paraît qu'on a plus besoin d'avions qu'en armée d'Orient qui n'est qu'un à-côté de la guerre. Mais les six que nous trimballions, personne n'avait l'air de savoir ce qu'ils étaient devenus, et pourtant on en avait plutôt besoin à Salonique, où les fokkers et les taubes viennent quasiment tous les jours et on n'a pas trop d'avions de chasse : les nôtres en étaient. Nous sommes restés cinq jours à Salonique ; mais au bout de trois jours les avions que nous portions étaient déjà montés et avaient sucré les Bulgares. Du coup, Fourgues a été content, et il me l'a dit :

— Tu vois, petit, je comprends maintenant cette guerre. Il y a deux sortes de gens. Les paperassiers, genre administratif, qui ont l'autorité, qui font tuer les poilus administrativement et couler les bateaux administrativement ; quand les papiers sont écrits et leur responsabilité à couvert, ils s'en fichent et se frottent les mains. Et puis il y a les autres : des gens comme toi et moi et quelques millions de pauvres bougres ; on turbine et on se fait crever la peau sans avoir besoin d'écrire des papiers ; c'est nous qui faisons marcher la boutique et gagnerons la guerre ; personne ne nous remerciera ; si la France tient le bon bout, c'est grâce à nous des bateaux et des tranchées. Sur terre, ils n'ont pas encore trouvé moyen d'avoir de l'artillerie lourde autant que les Allemands, et là où les Boches lancent un obus de gros calibre, nous mettons un poilu, et le sang de nos poilus compense notre infériorité d'artillerie. Sur mer, c'est la même chose, sauf que les sous-marins remplacent la grosse artillerie, et les bateaux qui vont au fond remplacent les poilus qui se font marmiter. Tout ça n'est pas bon à mettre dans les journaux, mais c'est la vérité tout de même. Ça durera ce que ça durera, et l'on sera bien obligé à la fin d'imiter les Allemands, au lieu de se moquer d'eux.

En général, Fourgues a toujours raison, et les choses qu'il dit arrivent six ou huit mois plus tard, de sorte que, quand on lui dit qu'il est pessimiste, il ne peut répondre que ceci : « attendez et vous verrez ». Alors quand ce qu'il a prédit se réalise, les gens qui lui avaient dit que ça ne se réaliserait pas ne se rappellent plus que Fourgues l'avait dit le premier, et ils lui chantent qu'ils l'avaient dit depuis longtemps.

Alors Fourgues se fiche en colère et il annonce d'autres choses qui étonnent les contradicteurs, et ils lui redisent que ça n'arrivera pas parce que les journaux disent le contraire ; et trois ou six mois après, c'est encore Fourgues qui a raison. Est-ce que tu as remarqué la chose suivante, toi, sur ton *Auvergne* ? Il arrive des fois qu'on a le vrai, le bon, le fin tuyau. Par exemple, quand Fourgues ou moi racontons des choses qu'on a vues avec les yeux et entendues avec les oreilles sur le *Pamir*, soit à Arkhangel, soit en Norvège, soit en Angleterre ou ailleurs. Ce ne sont pas des blagues, c'est comme qui dirait deux et deux font quatre, ou bien les deux mains font dix doigts. Alors, Fourgues et moi, nous racontons ces histoires quand on nous les demande, comme si ça pouvait intéresser les gens et comme s'ils cherchaient à savoir la vérité. Eh bien ! pas du tout : plus les gens sont haut placés et moins ils cherchent à savoir la vérité. Quand on leur dit quelque chose qu'ils connaissent pour être vrai, ils répondent : « Surtout ne le répétez pas ! Il faut éviter de troubler l'opinion publique. » On ne demande pas mieux que de ne rien dire, à la condition que les gens haut placés fassent le nécessaire pour remédier aux mauvaises choses qu'ils disent de taire. Mais quand on s'aperçoit que ce n'est pas du tout pour y remédier en silence qu'ils vous ordonnent de vous taire, mais bien pour rester les bras croisés en ne faisant rien pendant que les gens qui ne savent pas s'imaginent qu'on fait le nécessaire, eh bien ! mon vieux, il y a de quoi la trouver saumâtre… Ou bien ces mêmes personnes officielles ne savent pas que la chose que vous dites est réelle, ne le savent pas officiellement, je veux dire. Alors ce n'est pas la peine de leur corner aux oreilles qu'on a vu et entendu. Elles n'écoutent rien, elles n'entendent rien, elles ne font rien. Fourgues a raconté, à Moudros, à Salonique et ailleurs, ce que lui avait dit Flannigan à Trondhjem sur ce que nous préparaient les Allemands comme guerre sous-marine. Il a répété les journaux allemands parce qu'il a une sacrée mémoire pour ces choses-là. Il a donné des détails et des chiffres. Eh bien ! tous les chefs maritimes et autres se sont payé sa tête, comme il y a un an et demi en armée navale. Quand il a parlé du *Cressy*, du *Hogue*, de l'*Aboukir*, de la *Lusitania*, du *Bouvet*, de l'*Océan*, du *Gambetta* et de tous les autres qui avaient culbuté, on lui a répondu que c'était de purs accidents, que les Allemands ne pouvaient plus rien faire, car on avait coulé leurs sous-marins, que toutes les mesures étaient prises et qu'avant six semaines la guerre maritime serait finie, et qu'il suffisait de lire les journaux. Là-dessus, Fourgues, un peu estomaqué tout de même, montre les journaux où il y a imprimé « Marine » avec un blanc d'une ou deux colonnes. Mais quand il prétend que ces colonnes cachent quelque chose, on lui répond qu'il est un froussard et un semeur de panique. Alors Fourgues est un peu plus furieux et ramasse sa langue, de peur d'en dire trop. Mais à moi, il me confie qu'avec des hurluberlus pareils pour s'occuper des choses de la mer, trop vieux sur mer, indifférents dans les bureaux, on peut s'attendre à tout de la part des Allemands, qui n'iront pas par quatre chemins. Il dit que les dirigeants anglais et français, ceux de la mer, ont de la veine que le public n'y entende goutte aux choses maritimes, sans quoi on leur aurait secoué les puces au Parlement comme on l'a fait pour l'armée, et qu'on aurait pris des précautions au lieu d'aller aux catastrophes.

Mais je m'écarte du *Pamir*. Quand on a vidé notre camelote, les autorités militaires ont eu besoin de rapatrier en Algérie des tas de coloniaux, Arbis et Soudanais, qui étaient en Orient depuis près d'une année et claquaient de froid. Il n'y avait guère à Salonique que le *Pamir* qui fût paré pour le voyage, parce que les autres bateaux attendaient leur déchargement. Alors nous avons embarqué trois cents Africains pour l'Algérie. Ils n'ont pas fait beaucoup de bruit, ces pauvres gens, entre leur tremblement de froid et leur mal de cœur. Ils ne demandaient qu'une chose, c'est qu'on leur fiche la paix. Il n'y a eu qu'à leur passer, deux fois par jour, de l'eau et du pain, et ils en avalaient un peu pour vomir le reste du temps. Nous avons suivi depuis Salonique jusqu'en Algérie, la route secrète indiquée pour les bateaux par l'amirauté française et anglaise. Fourgues l'a suivie, non pas pour sa sécurité, mais pour rigoler.

— Veux-tu parier, petit, — m'a-t-il dit quand il a eu tracé sur la carte la route secrète, — veux-tu parier quelque chose avec moi ?

— Je veux bien parier, commandant, mais quoi ?

— Eh bien ! tu vois. Le *Pamir* va suivre de Salonique en Algérie cette route archi-secrète. Donc les Boches ne la connaissent pas. Donc elle est protégée contre les sous-marins. C'est pour ça qu'on nous oblige à la suivre. Pas vrai, petit ?

— Dame, je ne vois pas…

— Eh bien ! veux-tu parier qu'avant l'arrivée le *Pamir* sera torpillé sur cette route qu'on nous ordonne de suivre, ou bien que nous cueillerons les embarcations de quelque bateau torpillé ? Veux-tu parier ?

— Avant de parier, je voudrais savoir pourquoi. Car, enfin, ce n'est pas pour des prunes qu'on nous oblige à suivre une route de sécurité, une route secrète, protégée contre les sous-marins.

Fourgues se gondolait comme un cachalot ; il n'a pas voulu m'expliquer, mais il a dit :

— Si c'est moi qui perds, je te paie une boîte de cigares. Si c'est moi qui gagne, tu me feras deux quarts de rabiot, de minuit à quatre.

— Ça je veux bien, mais pourquoi ?

— Je te dirai après.

Il n'a pas voulu démordre et n'a rien expliqué. Mais cet animal-là avait raison. Entre Malte et l'Algérie on est tombé sur les embarcations de la *Mer-Morte* qui avait été torpillée quinze heures avant notre passage.

On les a trouvées au petit jour, vers six heures et demie du matin. C'est moi qui étais de quart. Fourgues m'avait dit en me passant le quart, à quatre heures du matin :

— Ne quitte pas la route secrète, hein, petit ? Il faut venir à l'Ouest, à cinq heures précises, tu vois, au point que j'ai marqué au crayon sur la carte.

C'est le point où se croisent les routes secrètes venant du Nord, du Sud, de l'Est et de l'Ouest. C'est un point bien intéressant. Tous les bateaux y passent. Passes-y aussi.

Moi j'y ai passé aussi juste que j'ai pu. Il faisait une jolie brise d'Est qui nous poussait dans le dos et nous donnait un bon roulis, car on était vide. Les Africains rendaient dans les coins tripes et boyaux et l'on n'y voyait pas à cent mètres.

J'étais venu route à l'Ouest depuis environ une heure et quart, et j'en allumais une pour me réveiller, quand la vigie du haut du mât se met à hurler :

— Épave à deux quarts par tribord.

Moi, je regarde et ne vois rien, mais je mets quand même la barre à droite pour me diriger où m'avait dit la vigie. Et la voilà qui chante encore :

— Deuxième épave, droit devant vous, à trois cents mètres.

Il n'y a pas eu besoin de réveiller Fourgues. Il a sauté de sa chambre sur la passerelle, avec la jumelle, et il a déniché les deux canots en un clin d'œil.

— Ça va bien, petit ! ils sont deux canots, bien pleins. Nous allons les ramasser. Je prends le quart. Va derrière pour cueillir ces pauvres bougres, puis chauffer du vin et du café et des couvertures. Ils doivent être là depuis hier soir et qu'ils doivent être trempés, avec un clapotis d'un mètre de haut.

Fourgues a bien manœuvré et en cinq minutes de temps on a pu rentrer à bord les bonshommes des deux canots qui avaient dérivé à cinq cents mètres l'un de l'autre. Fourgues les a bien accostés au vent en sorte qu'ils se sont trouvés en eau calme, et comme il n'y avait que des marins, et pas d'éléphants dans le tas, ils ont grimpé à notre échelle sans se faire prier. Ils étaient plutôt humides. Je les ai envoyés se sécher dans la chaufferie, et après ils ont bu leur café et leur vin chaud ; ils ont roupillé une bonne journée, et le soir ils étaient frais comme l'œil.

Comme officier, il n'y avait que le mécanicien Villiers dont je t'ai déjà parlé. On l'a couché tout de suite dans la chambre de Muriac et nous avons eu un peu peur parce qu'il a eu le délire jusqu'à l'arrivée en Algérie. Il y avait un obus qui avait éclaté dans la machine de la *Mer-Morte*, avait crevé un cylindre et tué deux hommes, et il ne sait pas encore comment il s'en est tiré. Enfin, il s'est remis depuis avant-hier et voilà l'histoire qu'il nous a racontée.

La *Mer-Morte* était partie de Toulon avec un chargement d'obus, gargousses, explosifs, et tout le fourbi pour l'armée d'Orient. Comme de juste, pas de T. S. F., pas de canons, rien. C'est la même chose que nous. La compagnie ne veut pas casquer, et la marine s'en moque. La *Mer-Morte* a pris la route secrète de Toulon à Salonique, la même que le *Pamir* en sens inverse.

On leur avait dit que la route serait surveillée d'un bout à l'autre. « C'est bon pour des pékins, a dit Villiers, cette histoire-là. Il faudrait au moins mille bateaux pour surveiller la route de Toulon à Salonique, et il n'y en a pas cent en Méditerranée tout entière. » Je dois te dire que la *Mer-Morte* a fait à peu près autant de turbin que le *Pamir* depuis le début de la guerre, surtout en Méditerranée, et que Villiers pense sur tout cela à peu près la même chose que Fourgues et moi, et il dit que son commandant, qui est resté dans l'affaire, le pauvre, pensait comme lui. C'est tout de même rigolo que tous les gens qui font le vrai travail sur mer pensent la même chose au sujet des sous-marins boches, et disent que ce n'est pas une blague ; tandis que tous les reste-à-terre, et les journaux et les ministres disent qu'il ne faut pas s'en faire, et qu'en tout cas ce sera fini dans quinze jours. Quels quinze jours ? Villiers la trouve mauvaise, lui qui vient d'y passer, et quoiqu'il soit seulement mécanicien et pas officier de navigation, il a dit des choses que Fourgues trouve tout à fait justes.

Je reprends l'histoire de Villiers. La *Mer-Morte*, avec ses cinq mille tonnes de projectiles et autres crapouillots, a fait route sur la route secrète jusqu'à l'endroit où il fallait mettre le cap à l'Est vers le canal de Malte. Elle n'a pas dû rencontrer un seul bâtiment de patrouille ni de surveillance, et ça n'épate pas Villiers, car il sait bien que ce n'est pas possible. Il nous a demandé si le *Pamir* en avait rencontré de Salonique à Alger, et Fourgues lui a montré le blanc de l'œil, ce qui est exact. Ça n'a pas épaté Villiers non plus. Il nous racontait ça dans le port ; et tu sais, un type qui l'a échappé aussi belle, et qui y a laissé son commandant, son second, dix hommes, son bateau, cinq mille tonnes d'obus et a failli y rester, on l'écoute tout de même un peu mieux que les âneries des reste-à-terre. Bref la *Mer-Morte* est arrivée vers le soir à l'endroit du changement de route. Là, un sous-marin a émergé à cinq ou six cents mètres derrière elle, et a tiré un coup de canon à blanc, pour la faire s'arrêter. Le commandant de la *Mer-Morte* était un type qui n'avait pas la trouille. Comme il avait cinq mille tonnes de munitions, il a pensé qu'il ne fallait pas se faire envoyer par le fond, parce qu'on en avait besoin en armée d'Orient, et il a envoyé l'ordre à Villiers dans la machine de pousser les feux à tout casser, et qu'il fallait tenir à toute vitesse pendant une demi-heure, parce que la nuit allait tomber et qu'alors on sèmerait le sous-marin. Villiers a fait ce qu'il a pu, et la *Mer-Morte* a pu monter jusqu'à onze nœuds et demi. Mais le sous-marin allait plus vite que ça. Il a gagné la *Mer-Morte* et a commencé à lui tirer dedans. La *Mer-Morte* n'avait pas plus de canons que le *Pamir*, et ne pouvait pas répondre. Le commandant, voyant qu'il allait être coulé, a voulu tout de même essayer de couler le sous-marin, a changé de route, cap pour cap, et a mis le cap vers lui. Tu sais ce que c'est ça, c'est le fantassin vers une mitrailleuse. Le sous-marin l'a attendu un peu, puis lui a envoyé sur la passerelle deux obus qui ont tué le commandant et son second avec les autres, et deux autres en pleine coque, près de la flottaison, qui ont éclaboussé machine et chaufferie et failli tuer Villiers.

La *Mer-Morte* a bien été obligée de s'arrêter : plus de commandant, plus de vapeur, une épave. Alors le sous-marin est venu tout près et il a envoyé un officier dans son you-you, qui est venu à bord de la *Mer-Morte*. Villiers était monté sur le pont avec tout l'équipage qui n'était pas tué. Il n'avait pas encore le délire, l'officier du sous-marin savait très bien le français et il a été très poli.

— Vous allez faire débarquer vos embarcations et embarquer dedans votre équipage. Vous, monsieur l'officier, veuillez me suivre sur la passerelle. Oh ! nous avons vu : nous avons tué le commandant et un officier de quart ; notre canonnier est très bon. Mais j'ai quelque chose à voir sur la passerelle.

Villiers l'a suivi. Le Boche était accompagné de deux matelots armés de revolvers et le sous-marin était tout contre avec son canon braqué. L'officier du sous-marin est allé dans la chambre de navigation, et il a regardé la carte de la Méditerranée, sur laquelle le commandant de la *Mer-Morte* avait tracé la route secrète de Toulon à Salonique ; il a comparé cette route secrète avec une carte qu'il avait apportée avec lui du sous-marin. Quand il a vu que ça allait, il dit à Villiers :

— Ça va très bien. Nous savons par où passent tous les bateaux, nos espions ne nous ont pas trompés. Comme ça, avec ces routes secrètes, nous sommes sûrs de ne pas perdre notre temps, puisque vous passez tous par là. Les bateaux de surveillance ne sont pas très nombreux, vous avez dû vous en apercevoir ; quand il y en a, nous restons hors de portée et puis nous rallions quand ils sont partis ; cela simplifie notre travail.

Villiers était plutôt ahuri. Mais l'autre était très poli et souriait.

— Oh ! ce n'est pas du hasard ! Notre sous-marin attendait la *Mer-Morte* qui est partie de Toulon avant-hier soir avec cinq mille tonnes de munitions pour l'armée d'Orient. Le même jour est partie la *Sainte-Artémise* avec du charbon pour Bizerte, la *Jeanne-Marguerite* avec du charbon pour Navarin et le cuirassé *Lyon* pour Malte. Ils ont tous passé ici dans la journée ; nous les avons vus et laissés passer. Nous ne travaillons que sans risques et quand cela en vaut la peine. Cinq mille tonnes de munitions ! Nous sommes très bien renseignés… Et puis ces routes secrètes c'est tellement plus commode !

Quand il a eu fini de bien consulter les cartes de la *Mer-Morte*, le Boche a tendu à Villiers un carnet à souche avec prière de signer :

— C'est pour notre comptabilité et notre part de prises, — a-t-il dit. — Évidemment, on nous croit quand nous disons que nous avons fait couler un bateau. Mais il vaut mieux que ce soit signé par un des officiers du bateau. C'est plus sûr. En Allemagne, ce n'est pas comme chez vous. On nous récompense d'autant plus que nous détruisons davantage sur mer. Nous faisons la guerre pour de bon. Ainsi cette affaire de la *Mer-Morte* avec ses cinq mille tonnes de munitions va rapporter dix mille marks à mon commandant, cinq mille à moi, et mille à chacun des hommes de l'équipage de mon sous-marin. C'est gentil, ça. Ah ! je vous recommande de vous en aller vite dans votre embarcation et de faire force rame ; je vais mettre des grenades dans la cale avant, et dame, avant un quart d'heure cela fera un beau feu d'artifice.

Villiers lui a dit qu'au moins il permette aux matelots d'embarquer des vivres et du vin et des vêtements, parce que les canots de sauvetage resteraient peut-être longtemps à la mer.

— A quoi bon ? Nous ne sommes pas des sauvages, — a répondu le Boche. — Tous les bateaux passent ici. Il y en a qui ne contiennent rien d'important et vont passer avant vingt-quatre heures : la *Creuse*, le *City-of-Birmingham*, le *Pamir*, la *Santa-Trinita*. Nous ne leur dirons rien, il y en a d'autres qui sont plus intéressants : nous sommes très bien renseignés. Sur ces quatre il y en a bien un qui vous ramassera.

Villiers est parti dans le canot, et ils ont fait force rame sous le vent tant qu'ils ont pu. La *Mer-Morte* a sauté vingt minutes après. Villiers avait eu le temps de faire mettre dans les embarcations tous les types tués qu'on a enseveli en Algérie. Mais lui a tenu le coup tant qu'il a pu. Vers le milieu de la nuit, le froid, l'humidité, la soif, et toute cette histoire lui ont donné le délire et quand nous sommes arrivés, il a fallu lui amarrer une ficelle sous les bras pour le hisser à bord du *Pamir*, il était en loques.

Il est à peu près remis. On est arrivé en Algérie avant-hier et l'on a débarqué les Arbis de l'armée d'Orient, qui vont raconter cette histoire-là dans leurs gourbis. Fourgues et moi allons demain avec Villiers voir les autorités militaires pour remettre notre rapport écrit et faire notre rapport verbal sur l'affaire du *Pamir* et de la *Mer-Morte*. Je t'écrirai ça plus tard. Le courrier de France part tout à l'heure, et l'on ne sait pas ce que va faire le *Pamir*. Au revoir, vieux. J'espère que Villiers va rester sur le *Pamir* : comme ça je t'écrirai un peu plus.

Salonique, 13 mars 1916.

Mon cher vieux,

Chiche que tu ne devines pas ce que le *Pamir* a trimballé ici ? Du bois à brûler tout simplement. Il y a bien d'autres choses par-dessus, mais c'est surtout du bois à brûler. Il paraît que cette denrée-là se fait rare en France et dans tous pays, et comme en armée d'Orient ils en ont autant que dans le milieu de mon œil, nous en avons apporté deux mille tonnes. Mais voilà que j'anticipe. Je reviens à l'Algérie, où je t'ai laissé après que nous avons ramassé les sinistrés de la *Mer-Morte*.

Les autorités du port nous ont reçus assez fraîchement. Villiers, Fourgues et moi, nous avons raconté notre petite histoire et remis nos rapports écrits pour le ministère. C'était clair comme le jour. Mais on nous a plutôt fait grise mine. On a demandé à Villiers des tas de renseignements sur la route, la manœuvre, l'heure où le sous-marin est arrivé, où l'officier est monté à bord, où la *Mer-Morte* a coulé, et est-ce que je ne sais pas quoi ? Tu vois ça, toi ! Villiers était dans sa machine à surveiller les chaudières et les pistons ! Il a répondu qu'il ne savait pas ce qui s'était passé pendant ce temps-là, et qu'il avait mis dans son rapport écrit tout ce qu'il connaissait de la question. Il a dit qu'il était mécanicien et pas officier de passerelle. Mais on lui a fait la tête. A ce que j'ai compris il n'aurait pas fallu que la *Mer-Morte* fût coulée à cet endroit-là. N'importe où ailleurs on n'aurait rien dit, mais là, non ! J'ai eu l'explication après, le surlendemain, en boulottant à terre avec un petit aspirant attaché au chiffre, et qui est bien tuyauté sur tout cela. Il m'a dit que l'endroit où la *Mer-Morte* a été torpillée est juste à la limite des commandements de deux amiraux. Alors, tu comprends, comme il y a bisbille entre l'un et l'autre, les bateaux de patrouilles de celui-ci ne sont pas dans le domaine de celui-là et *vice-versa*. Quand il y en a un qui croit avoir quelque chose à poursuivre et qu'il passe dans l'autre zone, il se fait attraper par son patron, et il se fait attraper par l'autre ! Alors, personne ne va plus là. Les amiraux gardent leurs bateaux sous la main, et les bons transports sont torpillés. Mais Fourgues, qui n'est pas mécanicien, et qui sait ce que c'est que la passerelle, a fait un sacré chahut. Il a dit qu'avec ce système de routes secrètes, que les Allemands connaissent en vingt-quatre heures, autant valait leur cuire la besogne ; que, si l'on voulait à tout prix ordonner aux transports une route particulière, il n'y avait qu'à en indiquer une à chacun. Que les sous-marins ne pouvaient pas être partout à la fois et que par conséquent il n'y avait qu'à faire suivre aux cargos des routes très différentes, parce qu'en en indiquant une seule, c'était le bon moyen pour en faire descendre le maximum. On l'a prié de se taire. On lui a dit que, puisque cette route secrète était éventée, les autorités maritimes en trouveraient une nouvelle et que, puisque c'était le bon moyen trouvé par les compétences, lui, Fourgues, n'avait qu'à s'incliner.

Il a alors dit que la T. S. F. ne ferait de mal à personne, ne coûtait guère à installer, et permettrait au moins aux bateaux dont les dynamos n'étaient pas arrêtées au premier coup de canon ou par la torpille, d'appeler au secours. On lui a répondu que les questions étaient à l'étude, mais que ce n'était pas aussi simple qu'il avait l'air de le prétendre. Après il a demandé qu'on lui mette des canons : un à l'avant, un à l'arrière, pour qu'au moins, si le *Pamir* était attaqué par un sous-marin, nous n'ayons pas pour tout potage qu'à faire notre prière et dire *Amen*. Là, il s'est fait amarrer numéro un. On lui a rétorqué que, s'il ne voulait plus naviguer, il n'avait qu'à le dire ; qu'on avait autre chose à faire que de mettre des canons sur de vieilles barques comme le *Pamir* et que les autorités donnaient à tous ces problèmes une attention qui n'avait pas besoin d'être sollicitée par les capitaines de la marine marchande.

J'aurais voulu que tu voies la tête de Fourgues pendant ce savonnage. Il passait du blanc au rouge-brique.

— C'est toujours la même histoire ! — qu'il m'a dit en sortant de là. — Tous ces reste-à-terre croient que nous avons peur. Eh ! je m'en contrefiche d'y laisser ma carcasse. Mais quand le *Pamir* aura fait le tour, ça fera trois mille tonnes de moins ! et ce n'est pas en mettant des blancs sur les journaux qu'on refabriquera les trois mille tonnes !

Moi, je commence à croire que pour la T. S. F. et les canons, Fourgues a dix fois raison. Mais on n'a pas eu le temps de réfléchir à tout cela parce que la presse locale et les autorités civiles avaient fait un foin de tous les diables sur l'affaire de la *Mer-Morte* et du *Pamir*. Mon vieux, j'ai eu ma biographie dans les journaux du patelin et tu n'aurais jamais cru combien je suis un type épatant. On m'a interviewé après Fourgues et Villiers, et en avant l'héroïsme des marins, la maîtrise de la mer, le bluff des sous-marins allemands, la protection efficace que les amirautés alliées exercent sur les flots ! Il n'y a pas à dire, quand il s'agit d'en boucher une surface au public, la censure ouvre les portes toutes grandes. Bref, on a été invité tous les trois à un banquet à la municipalité. Le grand chef maritime est venu avec un aide de camp, et il y avait là tout le dessus du panier. Nous avons reçu un chouette gueuleton. Aux toasts, le maire, le capitaine de port, le président de la Chambre de commerce ont raconté des tas de blagues qu'ils avaient apprises dans le journal le matin. Ils s'y connaissent en marine comme moi en peinture à l'huile. Mais le bouquet ç'a été le gros légume maritime, qui a parlé l'avant-dernier. Pendant l'après-midi, il avait saboulé Fourgues comme un mousse, et refusé de rien transmettre de ce que demandait Fourgues. Le même soir, au champagne, il lui a versé sur la tête un tonneau de vaseline.

— Je lève mon verre, — a-t-il dit, — en l'honneur du vaillant capitaine Fourgues, dont la présence d'esprit et la science nautique ont une fois de plus prouvé aux Allemands combien sont vaines leurs prétendues insultes à la suprématie navale des Alliés. Un accident n'est point une défaite. Les précautions sont prises, je l'affirme officiellement : le capitaine Fourgues ne rencontrera plus de *Mer-Morte*.

J'étais baba. Fourgues a répondu. Tu sais que, quand il veut, il parle mieux que je ne crache. Mais sa barbe remuait ferme et il tricotait des ongles sur la nappe. Je me demandais ce qu'il allait servir à l'assemblée. J'avais tort d'avoir peur.

— Merci ! — a-t-il dit. — Je suis marin et ne parle bien qu'à bord de mon bateau. Merci !

Il s'est rassis tel quel. Eh bien ! mon vieux, ce n'est pas malin d'être orateur, car on a applaudi à tout rompre, le grand chef en tête. Après cette fanfare on a levé la séance. Les indigènes avaient préparé un concert vocal et instrumental avec le concours des artistes du cru, et moi j'ai allumé un cigare pendant qu'on me faisait répéter pour la cinquantième fois l'aventure du *Pamir* et de la *Mer-Morte*. Il faut croire que les journaux ne leur suffisent pas, aux colons de ce pays, mais il fallait être poli, et j'y allais de ma nèfle, tout en guignant Fourgues, qui causait dans un coin à l'aide de camp du patron maritime, lequel aide de camp lui tapait sur l'épaule en ayant l'air de lui raconter de bonnes blagues. Mais je voyais bien que Fourgues la trouvait plutôt verdâtre. Il mâchonnait son bout de cigare sans l'avoir allumé, et il gardait ses mains dans ses poches, ce qui est le truc qu'il a trouvé pour ne pas faire trop de gestes quand il est en colère. Quand l'aide de camp l'a eu lâché, il est venu à moi tout droit et il m'a dit :

— Filons, petit, sans quoi j'explose.

Moi j'aurais préféré rester là, parce que ça flatte tout de même d'être considéré comme un héros ; mais Fourgues m'a tiré par la manche et nous avons plaqué tout le beau monde.

En faisant route vers le *Pamir*, Fourgues a ruminé un bon bout de temps. Il s'arrêtait et puis il repartait. Moi je suivais et je ne disais pas ouf. Enfin il a lâché son boniment :

— Sais-tu ce qu'il m'a raconté, cet espèce de farceur à aiguillettes ? Il m'a dit que, puisque je n'avais pas confiance dans la surveillance des mers et que j'avais peur des sous-marins, on allait charger le *Pamir* avec du bois à brûler pour l'armée d'Orient. « Comme ça, a-t-il dit, si un sous-marin vous seringue ou vous torpille, ce qui est improbable, vous flotterez, mon cher Fourgues, vous flotterez, parce que le bois est plus léger que l'eau… » Parce que le bois est plus léger que l'eau, parce que le bois…

Je crois que Fourgues a répété ça cinquante et une fois les bras croisés et le nez au vent, tellement il était en rogne. Arrivé à bord il m'a offert un verre de vieux marc de son pays pour remplacer les liqueurs qu'il m'avait fait manquer et un cigare « déchet de Havane », qui n'était pas mauvais d'ailleurs. Et puis il n'a plus desserré les dents et s'est mis à faire des réussites pour savoir si le *Pamir* serait coulé ou non avant la fin de l'année. Toutes les réussites rataient et Fourgues n'était pas content. A la fin il a compté ses cartes et a vu qu'il lui en manquait une, le neuf de trèfle qu'il a retrouvé dans la boîte de jeux. Alors il a tout envoyé en l'air et il m'a envoyé me coucher.

— Seulement, petit, — qu'il m'a dit, — puisqu'ils nous donnent à transporter deux mille mètres cubes de bois histoire de nous empêcher de couler, tu me feras le plaisir d'en chiper deux ou trois stères. Nous en ferons des radeaux. Qu'on ne me donne ni la T. S. F. ni des canons, ça va bien ; je ne peux pas en acheter au bazar ; mais si un sous-marin nous flanque une torpille dans les tibias, je ne veux pas que nous allions tous donner à manger aux crabes. C'est compris ?

J'ai répondu que c'était compris, et je suis rentré dans notre carré où Villiers arrivait juste de la ribote à terre. Il était un peu dans les brindezingues, parce que tout le monde avait voulu trinquer avec lui. Mais au fond c'est un chic type, car il est resté à bord du *Pamir* et comme ça je ne m'occupe plus des chignolles. S'il avait voulu, la boîte lui aurait donné un peu de congé après l'affaire de la *Mer-Morte*, mais il a dit que, quand on en a réchappé comme ça, il n'y a plus rien à craindre, et qu'il servira de mascotte au *Pamir*. La boîte lui a payé toutes ses fringues, recta, — ce qui m'a plutôt épaté, — mais n'a pas augmenté sa solde d'un sou. Villiers est plus technique que Muriac, qui avait commencé par être soutier à seize ans sur un caboteur et connaissait sa machine comme sa poche, sans savoir un mot de théorie. Villiers a passé par les Arts et Métiers, et il nous barbe à table avec des histoires de cycles de Carnot, d'entropie et de rendement thermodynamique. Il y a des jours où Fourgues le regarde de travers, parce que Fourgues n'aime pas que sur son bateau il y ait des gens qui en sachent plus que lui sur quoi que ce soit. Mais il ne peut rien dire ; avec son air un peu pincé, Villiers fait marcher sa boutique au doigt et à l'œil. Il m'a dit que c'était juste temps qu'il arrive, sans quoi le servo-moteur, le condenseur et la chaudière allaient être dans le sac. Je l'en crois facilement. Tant que la mécanique tourne je suis encore capable de la commander ; mais si elle s'était mise à dire non, ce n'est fichtre pas moi qui aurais dit le contraire.

On a embarqué en Algérie deux mille stères de bois à brûler. C'est facile à arrimer. Tu jettes ça dans la cale, ça s'arrange tout seul ; ça ne salit pas ; on est bien sûr que ça ne cassera pas. Fourgues lui-même trouvait qu'à tout prendre, ça vaut bien le charbon. C'était pour aller chauffer les poilus de l'armée d'Orient, et l'on était prêt à partir, mais au dernier moment on nous a dit d'aller compléter notre chargement en France, et nous avons reçu l'ordre d'aller à Cette. Fourgues a essayé de dire qu'on ne lui ferait pas prendre grand'chose, que le *Pamir* perdrait huit jours, que pendant ce temps les soldats souffleraient dans leurs doigts à Salonique. Mais déjà il n'était pas au mieux avec les autorités maritimes après ses histoires de canons, de T. S. F. et autres ; on lui dit qu'on l'avait assez vu, qu'il aille à Cette sans faire davantage le malin.

A Cette, les types ont fait la tête quand ils ont vu que nous étions plus d'aux trois quarts remplis… On nous a collé des barriques de vin par-dessus notre bois à brûler. Ça a pris une journée pour aplanir les rondins et tortillards ; nous n'avons pu embarquer que deux rangées par cale, de quoi soûler l'armée d'Orient pendant trois jours. Bref, ça s'est terminé sans trop de casse, trois ou quatre vieilles futailles seulement qui ont crevé dans l'élinguage, et tu parles si l'équipage a putoyé quand il a vu la vinasse tomber à l'eau pour faire profiter les poissons. On allait partir pour de bon, quand il arrive à Cette un corps d'armée de mulets qui venait des Pyrénées pour l'armée d'Orient. Ils devaient embarquer sur un bateau spécialement aménagé pour ça ; seulement ce bateau avait été coulé deux jours avant, et c'était le grand affolement, parce que le général Sarrail réclamait des mulets à cor et à cri. Juste au moment où on allait lever l'ancre, voilà qu'un type du port rapplique en faisant des grands bras pour nous dire d'arrêter. Fourgues fait descendre l'échelle et le bonhomme monte à bord. Il nous demande combien on pourrait prendre de mulets. Mon vieux, c'était à payer sa place de voir la tête de Fourgues.

— Des mulets, monsieur, des mulets ! Alors le *Pamir* est une écurie maintenant ? Je suis plein à vomir, monsieur ! J'ai des billettes, du bois mort, du tortillard et du canard, monsieur ! Et puis j'ai deux cents barriques de vin, monsieur ! qui seront du vinaigre, avant que j'arrive au train où vont les choses ! Et puis j'ai l'ordre ferme d'appareiller à quatre heures pour Salonique, monsieur, et vous voulez savoir combien je peux prendre de mulets ? Tant que vous voudrez, monsieur, mettez-les sur le pont, dans les cheminées, dans le puits aux chaînes, le long des mâts et dans ma chambre, monsieur ! Coupez-les en morceaux dans la cale et nous les recollerons à Salonique, monsieur. Moi je m'en f…! La mer est profonde et je n'en raclerai pas le fond même si vous me chargez de mulets à couler bas ! On les mettra en deux ou trois étages vos mulets, monsieur, et s'ils peuvent boulotter du charbon ou du bois à brûler, peut-être qu'à Salonique ce ne seront plus des momies de mulets, monsieur !

J'aurais voulu que tu voies la margoulette du citoyen aux mulets ! il serait rentré dans le compas s'il avait pu. Il a bafouillé des explications : urgence, extrême urgence, bateau prévu coulé, nécessité de la défense nationale, ordre impératif de ne revenir à terre que quand il aurait pu embarquer des mulets sur le *Pamir*… Quand Fourgues a vu qu'il l'avait abruti suffisamment, il a fait suspendre l'ordre d'appareillage… Au fond il rigolait :

— J'en prendrai cent de vos mulets, monsieur ; seulement apportez-moi aussi du foin pour huit jours, parce que je ne les nourrirai pas avec le pain de l'équipage. Je leur donnerai de l'eau des chaudières, monsieur ! Et ça guérira ceux qui sont constipés ! Seulement, grouillez-vous ! Je ne veux pas moisir à

Cette et je pars demain à cinq heures. Et puis, est-ce qu'ils savent nager vos mulets, monsieur ? Parce que, si le *Pamir* est torpillé, il n'y aura pas de place pour eux dans mes deux embarcations ! Et puis s'ils ont le mal de mer, je n'ai pas d'infirmières pour leur tenir la cuvette !…

Le bonhomme s'est cavalé dès qu'il a pu, et je crois qu'il se demande encore sur quel phénomène il est tombé. Villiers qui remontait de la machine après que Fourgues avait envoyé l'ordre qu'on n'appareillait plus, a entendu la dernière rincée. Mais dès que le muletier a eu tourné le dos, Fourgues a éclaté de rire et nous a offert à chacun un cigare d'Algérie.

— Voilà comme nous sommes sur le *Pamir*, Villiers ! Bien sûr que je leur prendrai des mulets, tant qu'il y aura de la place sur le pont : ils en ont besoin à Salonique. Mais tout de même ils se fichent un peu trop de la République, de nous envoyer ce poulet au dernier moment… Quant à toi, petit, tu vas me faire faire cette nuit un plancher de bois sur le pont pour tous ces quadrupèdes ; je ne tiens pas à ce qu'ils se cassent les pattes sur l'acier du pont. Il faut que ce soit prêt pour demain matin, six heures.

Voilà comment il est, ce Fourgues. Il est resté toute la nuit debout pendant que l'équipage clouait les vieilles planches qui nous restaient des Boches du Maroc. A six heures, tout était prêt. On avait fait un beau plancher avec des traverses en dessous et des mangeoires sur les bastingages. Personne n'a dormi. Villiers a été très bien. Il a tout de suite calculé la longueur des planches, des traverses, le nombre des clous, la surface, tout enfin. Sans lui, on aurait plutôt chéré. Si encore on avait pu dormir le lendemain ! Mais les mulets sont arrivés au jour avec le foin, et l'on a turbiné sans arrêter. Fourgues avait donné l'ordre de débiter du vin à discrétion, parce qu'il dit qu'avec du vin on ferait monter sur une corde à nœuds des Français au paradis.

Eh bien ! mon vieux, j'ai jadis embarqué sur le *Pamir* des chevaux, des bœufs, des cochons et des ânes, mais je te recommande les mulets si tu veux de la distraction. Ils n'ont que quatre pattes, mais on dirait bien qu'ils en ont vingt-cinq. Quand on leur passe les sangles sous le ventre, ils commencent à renifler et à ruer ; quand on met en marche les treuils et qu'ils sont hissés en l'air, ils sont tellement ahuris qu'ils ne disent rien ; ils se contentent de lâcher tout leur crottin à cause de la pression du ventre, mais on voit qu'ils se réservent pour tout à l'heure, rien qu'à l'astuce de leur regard et à leur souffle haletant, et quand ils arrivent sur le pont et que la sangle ne les serre plus, ils se mettent à danser, à courir et à lancer leurs sabots partout où ils voient un visage humain, et ce n'est pas rigolo. Nous avons failli être éborgnés cent fois, parce qu'il y avait cent mulets. L'un a tant gigoté qu'il a sauté par-dessus bord ; il savait nager, il a fichu le camp à terre et quelles que soient ses aventures, le *Pamir* ne l'a pas trimballé à Salonique.

Le foin est arrivé aussi. Fourgues l'a fait mettre sur le rouf près de la cheminée ; il était dur comme du bois et sec comme de l'amiante. Nous avons dû le mouiller pour que le mulet puisse le manger. Il a fallu désigner dans l'équipage deux hommes pour s'occuper des mulets, parce que personne à Cette n'était prévu pour les convoyer. J'aime mieux que ç'ait été eux que moi. Pendant vingt-quatre heures, ils n'ont pu approcher les mulets qui leur montraient le derrière et faisaient de petits sauts de cabris, en sorte que les deux réservoirs se trottaient dare-dare avec leur foin. Mais quand les mulets ont commencé à claquer du bec, ils ont tous tendu le museau vers le foin quand il arrivait, et après quelques jours, le cinéma et le croupier étaient copains avec eux. Comme les autres de l'équipage, moi et Villiers compris, ne pouvaient approcher des mulets sans les voir frétiller de la croupe, le cinéma et le croupier ont fait les malins et prétendu qu'eux seuls savaient prendre les bêtes.

Fourgues a voulu s'approcher des mulets tribord arrière, un soir en descendant de la passerelle, en leur disant de jolis mots du Midi :

— Là, là, mon petit bichon, etc.

Ça n'a pas collé du tout. Il y en a trois qui lui ont envoyé les pattes ensemble à deux doigts de sa pipe et Fourgues s'est cavalé plus vite qu'il n'avait dit qu'il ferait. Tu ne peux pas t'imaginer le chahut que ça peut faire, cent mulets, même avec un plancher de bois, sur un pont en acier… Tu as quatre cents sabots qui font toute la nuit un pétard du diable et il n'y a pas moyen de roupiller. Ça a encore été à peu près bien jusqu'à la Sardaigne, parce qu'on a eu presque calme avec petite brise ; mais de Malte à Matapan, nous avons écopé un coup de Nord-Ouest avec clapotis de houle en conséquence. Les cent mulets bringueballaient tous ensemble au roulis et au tangage et leur piétinement couvrait le bruit du vent. Ils gueulaient tant qu'ils pouvaient. Les embruns leur piquaient les yeux et leur entraient dans le bec, et ils éternuaient comme des perdus. Ajoute là-dessus les cinq cents barriques non arrimées qui faisaient : « baloum ! baloum ! » dans les cales sur les rondins et le tortillard, et tu vois d'ici ce qu'on a pu s'amuser de Cette à Salonique. Ça m'était égal : depuis que Villiers est là, je ne m'occupe plus des machines ; ça me fait gagner six bonnes heures par jour que je passe dans ma cabine à m'allonger, à jouer de la mandoline ou à lire tes bouquins. J'en suis arrivé à Suffren, et Nelson, et Villeneuve, et Trafalgar dans l'histoire maritime. Voilà ma conclusion : plus ça change, plus c'est la même chose.

La route secrète était changée sur le trajet du *Pamir* de Cette à Salonique. C'est peut-être l'affaire de la *Mer-Morte* qui est cause de ça. Fourgues et Villiers le croient. Mais moi tout ce que je sais, c'est que nous n'avons pas un seul bateau de patrouille entre Cette et la pointe Cassandra. Toi qui es sur les navires de guerre, tu pourras m'expliquer ça, peut-être. Je suppose que vous protégez les navires qui en valent la peine, quoique la *Provence*, qui avait plus d'un millier d'hommes à bord, ait trébuché il n'y a pas longtemps. Évidemment des bateaux chargés de mulets, de vin et de bois à brûler n'en valent pas la peine, et je suis le premier à reconnaître que c'est vrai. J'ai fait faire des radeaux avec le bois que j'ai rabioté, et si le *Pamir* boit un bock, nous pouvons espérer de flotter. Mais je comprends très bien qu'on ne s'occupe pas des patouillards qui n'ont à bord que trente-cinq hommes d'équipage, et si tu me dis que les autres sont gardés, ça va bien !

A Salonique, naturellement, Fourgues s'est fait attraper. Il était en retard pour le vin, il était en retard pour le bois à brûler et aussi pour les mulets. C'est un capitaine de frégate ou de vaisseau, je ne sais trop, qui est venu à bord pour nous dire ça. Si tu le vois jamais, c'est un type à la mâchoire carrée, grand et fort comme un chêne, et qui ne mâche pas plus ses mots que Fourgues ; alors tu vois ce qu'ils ont pu attraper tous les deux. Heureusement que Fourgues a pu montrer ses papelards en règle, et l'autre a dû se ramasser. Il faut croire que l'on a besoin, ici, de vin, de mulets et de bois, car on nous a fait accoster le soir même de notre arrivée le long du quai de la direction du port, et nous avons restitué toute notre cargaison en trois jours. Nous avons été renvoyés sur rade en attendant des ordres et nous battons tous la flemme. Ça nous fait du bien d'ailleurs, car depuis l'Algérie tout le monde avait son compte.

J'ai bien dormi vingt-quatre heures de suite après le déchargement du *Pamir*, et maintenant, avec Fourgues et Villiers, nous allons à terre vers trois quatre heures pour rentrer quand tout est éteint. Quel sale patelin que Salonique ! Il y a deux ou trois cafés qui sont tous pleins. Dans la rue, la police est faite par des Grecs, des Français et des Anglais, et ils sont aussi aimables les uns que les autres. Et puis, il y a un change de dix-huit à vingt pour cent, et Fourgues dit que c'est honteux que le gouvernement français permette que le papier français perde le cinquième sur celui des Hellènes. Et puis, tout le monde dit ici que ce n'est pas la peine de faire une armée d'Orient, si le grand quartier général français lui refuse le matériel, le personnel, les canons, les avions et tout. J'en aurais des volumes à t'écrire si je disais ce que j'ai entendu ici, et le pétrin où ils sont. J'aime mieux être sur le *Pamir* qu'à la place du général Sarrail, et celui-là, quoi qu'on dise, est un sacré merle d'avoir tenu ici contre les Boches, les Autrichiens, les Bulgares et les Turcs, sans compter les Grecs derrière lui, avec des forces telles que le moindre général du front français, qui n'en aurait pas eu davantage, aurait juré ses grands dieux que son front allait être crevé.

En attendant, mon vieux, je suis toujours bien loin de La Rochelle, et je m'embête. Tu as beau me dire que ça va, que ça marche, que ça va être bientôt fini, tout ça n'arrange pas mes affaires. Tu es sur ton *Auvergne* bien amarré au fond d'une rade, et je trouve que tu as bien raison, parce que ce n'est pas la peine d'exposer inutilement des cuirassés qui coûtent quatre-vingts millions et contiennent douze cents hommes. Ils ne servent pas à grand'chose d'ailleurs, tes cuirassés, et je te dirai plus tard ce que Fourgues pense là-dessus. Actuellement, il n'y a que deux choses qui comptent à mon avis, les sous-marins boches et les navires de commerce qui ravitaillent les Alliés. Tout le reste, c'est le kif-kif bourriquot. Seulement, les amiraux alliés ne sont ni sur les sous-marins allemands, ni sur les navires de commerce. Alors, ils se gargarisent avec des télégrammes chiffrés, et les petits bateaux qui vont sur l'eau sont torpillés. Mais les réussites de Fourgues disent que le *Pamir* ne sera pas torpillé cette année-ci. Comme la guerre doit être finie avant 1917, le reste est sans importance.

Au revoir, mon vieux. Envoie-moi ta photographie en enseigne de vaisseau, et ne prends pas dessus un air dédaigneux. On en met, sur le *Pamir*, au moins autant que sur ton *Auvergne* où je t'envoie la forte poignée de main.

Bilbao, 27 avril 1916.

Mon vieux,

Nous sommes ici pour prendre du fer. Tu sais qu'il est bon dans ce pays et que nous n'en avons pas de reste en France. Mais je reprends où je t'ai laissé, à Salonique.

On ne savait pas trop quoi faire du *Pamir* là-bas. Nous y serions encore si Fourgues n'avait bassiné tous les gros pontes de la marine qui lui ont dit, en fin de compte, de passer à tout hasard à Malte où on nous trouverait peut-être une occupation.

Nous sommes partis sur lest avec rien dans le ventre, et quelques passagers : jeunes gens de dix-neuf à vingt-cinq ans qui partaient de Salonique pour aller finir leurs études supérieures en Espagne, ou en Suisse, ou en Hollande.

Tous ces jeunes gens étaient très francophiles et venizélistes. Fourgues était étonné qu'ils s'en aillent de Grèce pour achever leurs études ailleurs qu'en France, d'autant qu'ils disaient avec de grands gestes que l'heure de Venizelos allait sonner et qu'il prendrait enfin le parti avec la grande nation généreuse qui... que... dont, et patati et patata, qu'ils formeraient une armée en Grèce pour combattre à nos côtés, que la Grèce serait rendue à ses destinées.

Fourgues leur a causé pour leur tirer les vers du nez ; à la fin il a très bien compris :

— Tu vois, petit, ces jolis cœurs, ils fichent le camp de Salonique, parce qu'ils ont peur d'être obligés de s'enrôler si Venizelos fait son armée. Ils sont, comme on dit chez nous, braves mais pas téméraires ; ils ne vont pas en pays français parce qu'ils craignent qu'on ne les rappelle, tandis qu'en pays neutre ils seront bien tranquilles. Je ne sais pas si les Grecs du passé avaient autant de poil que les historiens le disent, mais ceux d'aujourd'hui m'ont l'air d'être des héros, en ce sens qu'ils aiment bien regarder les coups.

Pendant le trajet de Salonique à Malte on a juste rencontré quelques bateaux de surveillance du côté de Matapan, le reste du temps peau de balle. Je me demande pourquoi il y a des gens qui se demandent à quoi ça sert que nous soyons à Salonique. Ils n'ont qu'à aller un peu là-bas, ces gourdes-là. Ils verraient que, si nous n'avions pas de monde pour fermer la bouche à Constantin, il y a belle lurette que le mari de Sophie aurait livré son pays aux Boches et tous ses ports à leurs sous-marins.

Alors ce serait un beau pétrin. Déjà que les sous-marins travaillent dur, quoi qu'on dise ou qu'on ne dise pas, tu vois ce que ça serait s'ils pouvaient se servir des ports et des îles grecques. Il n'y aurait plus moyen de circuler là-bas ; la route d'Égypte et des Indes serait coupée et autant dire qu'on laisserait libre aux Boches tout ce côté-là de la carte.

A Malte, nous sommes arrivés comme marée en carême. Mais comme les Anglais n'aiment pas qu'on encombre leur port, ils ont demandé à la mission française de faire dégager le *Pamir* dare-dare. Comme on ne savait pas que faire de nous, on nous a expédié à Bizerte, où l'on nous a dit que, peut-être, nous recevrions une destination. Nous sommes partis, après une nuit d'escale, toujours vides, mais c'est la princesse qui casque. Il y a eu une passagère qui est arrivée au dernier moment avec une valise et nous a suppliés de la prendre avec nous. C'était la femme d'un enseigne de vaisseau qui n'avait pas vu son mari depuis août 1914 qu'il était sur un croiseur ; tu parles d'une aventure ! Je vais te raconter ça.

Depuis le début de la guerre, le croiseur du mari de la petite dame avait roulé un peu partout en Syrie, dans l'Océan Indien, en Égypte et autres lieux et elle restait dans sa famille dans un patelin du Jura, où elle souffrait mort et passion de savoir son mari partout par là. C'est la fille d'un inspecteur des navires qui s'y connaît en marine comme moi en théologie et elle est sur les bateaux comme une poule qui a trouvé un couteau. Son mari lui écrivait à chaque courrier d'attendre et que son croiseur finirait par se rapprocher en France, qu'alors il lui ferait signe. Au début de mars, elle reçoit de Port-Saïd un télégramme : « Allons dix jours Malte réparations. Viens immédiatement. »

Elle reçoit ça dans son Jura, une heure avant le départ du train pour la correspondance avec le rapide pour Marseille. Elle prend juste le temps de faire une valise et part. Elle arrive à Marseille le lendemain, croyant qu'il suffisait d'arriver sur le quai pour prendre le premier bateau, comme dans

Jules Verne. Elle s'est baladée toute la journée depuis la Cannebière jusqu'au Port National, demandant à tout le monde, douaniers, agents de police, marins, etc., où l'on prenait le bateau pour Malte. Elle n'y connaît rien aux compagnies, aux départs. Enfin, son cocher a compris qu'elle n'en sortirait pas et l'a conduite à la Marine. Elle dit qu'elle ne reconnaîtrait pas un amiral d'un chef de gare, parce que leurs tenues se ressemblent, alors tu vois ce qu'ils ont pu rire à la Marine, quand elle disait qu'elle voulait voir son mari à Malte, un point c'est tout. Bref, on lui a expliqué que le paquebot était parti la veille et qu'il y en avait un autre dans huit jours, de sorte qu'elle ne pourrait pas être à Malte avant dix ou onze jours. La petite dame était aux cent coups. Un homme, toi ou moi, aurait dit « zut ». Mais je crois que, quand les femmes se sont fourré dans la tête de voir leur mari, elles feraient le chemin sur les coudes plutôt que de s'arrêter. Elle a pris le train pour l'Italie, mon vieux, elle s'est appuyé tout le circuit : Nice, Gênes, Rome, Naples, Reggio, le canal, Messine, et Syracuse, pendant trois jours et demi, sans s'arrêter, et en troisième classe, car elle avait peur de manquer d'argent. Elle ne se rappelait même pas comment elle avait pu se débrouiller pour avoir ses passeports et le reste. Tout ce qu'elle se souvenait, c'est qu'elle montrait à toutes les autorités, dans les gares où elle passait, son livret de mariage et le télégramme de son mari. On voulait l'arrêter partout. Elle se mettait à expliquer et à pleurer et l'on finissait par la laisser partir. Ajoute qu'elle ne sait pas dire pain en italien. Elle a mangé comme elle a pu, parce qu'elle n'osait pas descendre des trains dans les gares de peur qu'ils ne fichent le camp sans elle. Ça ne fait rien, elle n'a pas molli et elle est arrivée à Syracuse. Le paquebot ne partait que dans deux jours. Il ne lui restait plus d'argent pour payer le paquebot ; au consulat français on l'a envoyée promener, vu qu'elle n'est ni indigente ni rien et qu'elle n'était pas en service commandé. Ils lui ont dit d'écrire chez elle pour avoir de l'argent, vu que les mandats télégraphiques n'existaient plus, que ça prendrait une semaine au moins.

Il n'y a qu'une femme pour se tirer de là. Être au sec en Sicile, sans le sou, sans pouvoir rien recevoir de son mari ni de chez elle et arriver tout de même à Malte, c'est des mystères pour toi et moi qui pourtant sommes de vieux renards en fait de voyage. Elle a engagé sa montre en or et une bague avec pierre, puis elle a trouvé moyen de savoir qu'il y avait un voilier avec du liège ou du soufre qui partait le lendemain pour Malte. Ça lui faisait gagner un jour sur l'arrivée à cause que le paquebot s'arrête à tous les ports et que le voilier filait droit sans escales.

Je voudrais savoir comment elle a pu faire pour se faire prendre par le vieux Sicilien patron du voilier ; elle a trouvé le truc. D'ailleurs, elle est jolie, la mâtine, quoiqu'elle soit grosse comme deux liards de beurre, et puis elle n'a pas les yeux dans sa poche. Elle ne pense et ne parle que de son mari, mais pour le rejoindre elle sait bien faire des sourires et des micmacs. Elle a dit qu'avec le patron syracusain elle s'est contentée de montrer son cœur et le mot Malte sur le télégramme, et que ça a collé : moi, j'aurais voulu voir ça.

A Malte, elle a pris un canot pour faire le tour du port. Tout ce qu'elle savait du croiseur de son mari qu'elle n'avait jamais vu, c'est qu'il avait trois cheminées, et deux mâts et une étrave en éperon. Elle avait vu ça sur une mauvaise photo qu'elle portait avec elle. Elle montrait au batelier les bateaux à trois cheminées et il allait dessus ; comme les noms sont effacés depuis la guerre, elle demandait partout : « C'est ici le croiseur *Bayard* ? » Tout de suite, on lui a dit qu'il n'était pas à Malte ; elle croyait que c'était une blague et cherchait ailleurs…; enfin, elle a vu que son *Bayard* n'était pas là. Partout on lui répondait qu'il était parti depuis trois jours, mais qu'en temps de guerre personne ne sait où vont les bateaux et que tout juste l'amiral pourrait le lui dire, s'il était de bonne humeur ce jour-là, ce qui lui arrivait moins souvent que d'engueuler son monde. Ça ne fait rien, elle demande où elle peut voir l'amiral. Tout le monde lui riait au nez, et lui disait que cet amiral était célibataire et que rien ne le mettait plus en rogne que de voir des officiers voir leurs femmes, parce qu'il dit qu'en temps de guerre ce n'est pas comme en temps de paix. Enfin, elle a eu le nom du bateau amiral. Moi, j'aurais voulu voir la collision entre la dame et l'amiral.

Elle raconte seulement qu'il lui a demandé si elle était maboule, que son mari avait eu les plus grands torts de lui télégraphier où il était, qu'il allait faire des ordres très stricts pour empêcher que ça se renouvelle ; qu'elle n'avait qu'à filer en France dare-dare, que c'était inutile de courir après son mari sur la vaste mer, vu que la guerre serait peut-être finie avant qu'elle mette la main dessus.

Heureusement, en quittant le bateau, la mort dans l'âme, elle a trouvé à la coupée un officier à qui elle a dit : « Et vous, monsieur, vous ne me direz pas où est le *Bayard* ? » L'autre, traducteur de dépêches, le savait, et était camarade du mari. Il l'a vite menée dans sa chambre pour qu'on ne les entende pas, et il lui a dit, sous le sceau du secret, que le *Bayard* était à Bizerte pour réparations, qu'il y resterait huit à dix jours et qu'elle pouvait le rejoindre s'il y avait un bateau. Tous les services réguliers sont coupés. Il n'y a plus que des navires militaires ou militarisés qui ne doivent prendre aucun passager ; elle ne pouvait passer qu'en fraude en risquant un paquet de première classe, si quelqu'un voulait la prendre. Alors elle a dit qu'on ne pouvait pas la fusiller pour ça et que, si on fichait dedans son mari parce qu'elle était allée le chercher, elle lui ferait donner sa démission après la guerre et voilà tout. Elle ne perd pas le nord, celle-là. Elle n'avait jamais vu le jeune officier traducteur de télégrammes, mais elle se l'est tout simplement annexé. D'abord, elle lui a emprunté cent francs de la part de son mari. Ensuite elle lui a dit de la renseigner immédiatement sur n'importe quel bateau qui partirait pour la

Tunisie. L'autre était tout de même sec ; il a dit que, si l'amiral apprenait ça, il le mettrait aux arrêts de pied ferme. La petite dame a dû lui envoyer un de ses petits airs câlins et il a accepté. Alors elle lui a dit qu'elle allait s'installer sur un banc de la douane avec sa valise pour toute la nuit, afin que l'enseigne n'ait pas besoin de courir à l'hôtel et pour qu'elle soit tout de suite parée à sauter dans le premier bateau qu'il lui indiquerait. Malgré les représentations de l'enseigne, elle a fait comme elle a dit et s'est incrustée à la douane. Les gabelous ont voulu l'évacuer, mais elle s'est vissée avec sa valise sur un banc, et, comme elle n'a pas l'air d'une conspiratrice, on l'a laissée là où elle a dormi la tête sur le mur. Le matin, un des sergents est allé lui chercher du thé et des toasts, et elle a fait sa toilette dans le poste des douaniers, comme si elle était chez elle. C'est à ce moment que l'enseigne du bateau amiral est venu lui dire que le *Pamir*, arrivé la veille au soir, partait à huit heures du matin pour Bizerte, mais que le commandant du *Pamir* était connu pour son sale caractère, et qu'il l'enverrait promener. Ah ! ouiche ! dix minutes après, pendant qu'on levait l'ancre, elle a grimpé l'échelle qui était encore amarrée, elle a bondi sur la passerelle comme si elle n'avait fait que ça de sa vie, et est allée droit à Fourgues comme Jeanne d'Arc devant le Dauphin. Fourgues a fait une bobine, et il a pris sa tête de vent debout pendant qu'elle expliquait son boniment. Moi, ça m'aurait coupé la chique. Mais elle allait, elle allait ! Elle priait, elle souriait et puis comme Fourgues continuait à ne rien dire en la regardant du haut en bas (mais, moi, je voyais ses mains qui fignolaient derrière son dos comme quand il jubilait), elle a éclaté en sanglots, s'est assise sur sa valise en tamponnant ses yeux avec un mouchoir gros comme une noix en répétant :

— Que je suis malheureuse, que je suis malheureuse.

Alors Fourgues a enlevé sa casquette et s'est approché d'elle en la soulevant par le menton, comme un bon papa, il a dit :

— Alors, c'est bien vrai, petite fille, toutes ces blagues que vous me racontez ? Eh bien ! il reste une chambre vide ; vous avez de la chance. Allez vous mouiller le museau ! Je ne veux pas que votre sacré veinard mari vous trouve malade !

Mon vieux ! elle lui a sauté au cou et l'a embrassé comme du pain. Fourgues s'est laissé faire et il le lui a rendu, et puis il lui a tapoté la joue :

— Ça va bien, ma belle petite. J'ai une fille qui a votre âge et je voudrais bien qu'elle en fasse la moitié autant quand elle sera mariée… Sur ce, allez vous faire jolie et vous nous raconterez tout ça à déjeuner, midi tapant.

Ça, mon vieux, ç'a été la plus chouette traversée. Un temps de demoiselle, du soleil plein les yeux, et cette femmelette qui jetait du bonheur depuis les cheveux jusqu'aux talons. C'était un sac à malice, sa petite valise ; elle en a sorti du ruban, des bouts de dentelles et des tas de grigris, et quand elle est sortie à midi de la cabine de Blangy, tu n'aurais pas cru que c'était la même qui était arrivée le matin avec les cheveux en pagaye et dans un cache-poussière fripé. Qu'est-ce qu'on a pu rire à table quand on a raconté tous ses avaros ! Fourgues ne tenait plus de joie. Elle est restée toute l'après-midi sur la passerelle, et je lui ai tout expliqué : le compas, les cartes, les feux, la navigation, tout le fourbi, quoi. Elle ne devait pas y piger goutte, mais elle souriait et inclinait la tête. J'aurais pu lui parler chinois, elle aurait souri encore, elle dansait sur place. Le soir, à dîner, Fourgues a profité pour faire à Villiers et à moi le laïus du cœur pour nous encourager à nous marier vite. Tu l'entends d'ici ; toute la lyre, quoi…; moi, je n'avais pas besoin qu'il m'en dise tant ; je n'attends que l'occasion. Mais Villiers a voulu faire le malin en faisant des mais, des si et des car. Alors, la petite dame l'a attrapé numéro un et lui a rivé son clou en cinq sec, et Villiers a fini par s'avouer battu et en lui demandant de lui en chercher une qui lui ressemble le plus possible. Enfin, on était confortable et content. Elle est allée au dodo et a dormi ses quatorze heures bien pesées. Quand le *Pamir* est arrivé à Bizerte, vers les dix heures du matin ; elle est sortie de la cabine fraîche comme la rose, et bon Dieu de bois, son enseigne de mari aura trouvé que c'est plus agréable la nuit que de recevoir sur la figure un bon coup de tabac. Justement, le *Pamir* a été envoyé à Sidi-Abdallah où le *Bayard* était au bassin et l'on a mouillé tout près de terre.

— Tenez, le voilà votre bateau, ma petite ! — a dit Fourgues, — et il est dedans votre mari. Embrassez-le de ma part, si vous y pensez ! et puis rassurez-vous, il ne lui arrivera rien, à celui-là ! Avec une petite femme comme vous, on est verni.

Elle s'est trottée sans demander son reste. Elle frétillait. Tout juste un bonsoir du bout des doigts, sauf qu'elle a rembrassé Fourgues.

Pardonne-moi de t'avoir raconté ça. Mais sur le *Pamir* on n'a pas tant de distractions et ça vaut mieux que tous les embêtements des ports et des vadrouilles sur mer. Il n'y a pas à dire, cette petite femme avait du cran, et, si tout le monde en avait de même, la guerre durerait bien six mois de moins.

Nous n'avons d'ailleurs pas eu le temps de savoir ce qui lui était arrivé, parce que le *Pamir* a été emballé aussitôt pour Bilbao, à vide toujours, ce qui fait que l'État aura payé un voyage de Salonique à Bilbao aux armateurs, gratis. Mais tout ça ne nous regarde pas, n'est-ce pas ? On marche et l'on exécute les ordres, même quand il n'y en a pas.

Nous sommes donc restés à Sidi-Abdallah deux jours, juste le temps de faire des vivres, et nous avons fait route pour Bilbao, où le *Pamir* doit prendre du minerai de fer. La traversée nous a plutôt paru moche, après la passagère de Malte, et nous avons passé notre temps à épiloguer sur ce qu'elle nous avait raconté. Fourgues a dit que c'est stupide d'empêcher les officiers et les matelots de télégraphier où ils vont. Si c'est à cause qu'on peut craindre qu'il y ait des fuites dans les bureaux de télégraphe, il n'y a qu'à y mettre des gens sûrs et mobilisés et tenus au secret, tandis qu'on continue, surtout sur les lignes étrangères, à garder des gens dont on ne sait pas d'où ils sortent, et parmi lesquels il y a évidemment des espions. Seulement, les autorités maritimes préfèrent emprisonner les marins qui trinquent salement, parce que ceux-là ne peuvent pas bouger et sont punis s'ils remuent, au lieu de nettoyer les bureaux des gens qui ne fichent rien et peuvent faire des fuites. Ça, c'est le premier point. Après, il a dit que c'est tout de même fort que dans la marine on n'ait pas le droit à des permissions réglementées, comme dans la guerre, et que c'est le bon moyen pour faire grogner les gens. Et puis, à quoi ça avance de faire réparer les bateaux à Bizerte, où il n'y a quasiment rien comme outillage ni rechange, au lieu d'envoyer les bateaux à Toulon. Le chemin est presque le même pour venir de l'Orient, et ça ne fait guère d'économies de charbon ; tandis qu'il faut envoyer à Bizerte tout le matériel de réparations et de rechange, ainsi que le charbon et tout, qu'on est obligé d'employer des tas de bateaux qui coûtent les yeux de la tête comme le *Pamir*, que ça fait des retards à Toulon pour l'embarquement et à Bizerte pour le débarquement, que, si les cuirassés ou croiseurs allaient à Toulon, tout serait à pied d'œuvre et au bout du chemin de fer et du télégraphe, et que cette petite organisation-là aura coûté quelques centaines de millions, l'un dans l'autre, sans qu'un seul bateau de guerre y ait gagné un jour, tandis que pas mal de matériel aura été coulé par les sous-marins.

A propos des sous-marins nous voudrions bien que tu nous dises combien de temps ça va durer, cette petite cérémonie de faire naviguer de gros navires en plein jour, sur les routes prétendues secrètes et que tous les Allemands connaissent. Qu'on envoie le *Pamir* et autres du même genre se faire couler, passe encore, puisque officiellement on n'a pas à craindre la guerre sous-marine. Mais des cuirassés ou croiseurs qui coûtent cinquante et soixante millions avec mille hommes à bord, Fourgues trouve cela un peu vert ; je lui passe la parole :

— C'est très joli, — qu'il dit, — de prétendre que les sous-marins allemands c'est de la blague. Mais on ferait un peu mieux de prendre les précautions de bon sens. Je ne suis pas un officier de sous-marin, mais j'en ai vu quelques-uns, et ils disent que la nuit les sous-marins n'y voient rien dans le périscope et qu'ils sont obligés de naviguer en surface ; par conséquent, la nuit, ils sont beaucoup plus inoffensifs. Eh bien ! il n'y a qu'à faire naviguer la nuit les gros bateaux de guerre et le reste du temps leur faire longer les côtes, ou bien mouiller dans les ports, surtout dans la Méditerranée. Il ne manque pas de côtes ni de ports. Les traversées dureraient un peu plus, mais ça vaut bien cinquante millions et mille hommes envoyés au fond. C'est comme les transports de troupes et de matériel. D'abord, je ne comprends pas qu'on les fasse partir de Marseille pour Salonique, alors qu'il y a Tarente ou Brindisi et que les Italiens sont nos alliés ; ça ferait trois ou quatre jours de moins sur l'eau, et autant de risques de moins, et pas mal de millions sauvés. Et puis, même si l'on veut à tout prix faire tout le circuit sur l'eau, je me casse la tête à comprendre pourquoi, le jour, on ne fait pas naviguer les bateaux tout près des côtes italiennes, ou africaines, ou grecques. D'abord, il y aurait beaucoup moins de danger de torpillages, parce que les côtes sont plus faciles à surveiller que la haute mer et puis, si un navire est torpillé par hasard près des côtes, il aurait souvent le temps d'aller s'y jeter et on pourrait le tirer d'affaire, et puis les embarcations ne seraient pas perdues ; elles iraient à la côte et les gens seraient sauvés. Tout ça c'est enfantin, mais c'est le diable pour faire comprendre aux compétents que la guerre n'est pas la paix. Quand il s'agit d'embêter le monde, les légumes savent bien vous dire que c'est à la guerre comme à la guerre, mais, pour prendre des précautions, ils préfèrent cracher du papier, du papier et encore du papier ! Ça leur coûtera cher cette affaire sous-marine. Et vous savez, les enfants, quand les bateaux tomberont comme des quilles, ils pousseront tous les hauts cris, en disant que les Boches sont des pirates, que toutes les précautions étaient prises, mais qu'on ne savait pas que les sous-marins boches seraient si méchants que ça. Comme le public et les députés n'y connaissent rien, on plaindra les légumes qui se sacreront grands hommes, et les bateaux continueront à trébucher. Avant un an ça va être du propre, sans compter que le pays sera obligé de faire ceinture, qu'il n'y aura plus moyen de bouffer, que l'acier et tout manquera. Le public fera de la musique, mais comme personne ne saura d'où ça vient, et que la censure continuera à étrangler les gens comme vous et moi qui voient ce qu'il y aurait à faire, les sous-marins feront leur petit nettoyage par le vide.

Quand il s'y met, Fourgues, il n'y va pas de main morte. Mais Villiers pense qu'il a raison et moi aussi, et par moments on se demande si tous ces gens n'ont pas perdu la boule. Enfin, qui vivra verra. On ne meurt qu'une fois. Si le *Pamir* va au fond et que nous buvions la tasse, nous saurons au moins à qui c'est la faute.

On est arrivé à Bilbao assez secoués, parce que nous étions vides, et que sur la remontée du Portugal nous avons eu un sacré temps. Je passe tous les empoisonnements qu'a eus Fourgues pour savoir où et comment prendre son minerai. C'est à croire que les émissaires qu'a la France ici passent leur temps à jouer au bridge au lieu de s'occuper de leur affaire. On a dû envoyer des bonshommes bien embusqués, qui trouvent meilleur de palper la bonne galette loin du front, mais qui s'y connaissent en transports et en ravitaillement comme moi à jouer de l'orgue. Et puis il faut voir comme on se préoccupe des Allemands et de tout ce qu'ils font ici. Autant dire que les Boches sont les maîtres. Ils savent tout, voient tout ce qui part et renseignent leur ambassadeur à Madrid qui doit bien diriger au moins cinquante mille Boches au doigt et à l'œil. Il y a des espions partout et nous n'en avons nulle part. Bon Dieu ! nous avons une sacrée veine que la position maritime de l'Allemagne soit comme qui dirait dans un cul-de-sac. Rien qu'à voir ce qu'elle réussit à nous embêter sur mer à bout de bras quasiment, on peut être certain que, si nous étions à sa place et elle à la nôtre, nous serions raclés depuis longtemps et ne recevrions pas un gramme de marchandises. Il y a un peu partout par ici des postes de T. S. F. et des stations d'espions sur la côte, qui renseignent les sous-marins boches. Ceux-ci n'ont qu'à écouter et à travailler à coup sûr. D'ailleurs, Fourgues ni personne à bord ne comprend ces histoires de ravitaillement d'essence, que les journaux français disent que les Allemands emploient dans les pays neutres. Ils disent que les Boches ont des bases de ravitaillement en Grèce, en Espagne et ailleurs, et que, sans ça, ils ne pourraient pas travailler comme ils font. C'est une belle fumisterie. Toutes les fois qu'on cherche les bases de pétrole, on n'en trouve pas. C'est à cause qu'il n'y en a pas. Les Boches ont bien quinze ou vingt jours d'essence dans leurs sous-marins. C'est les gens de Bilbao qui nous l'ont dit, après ceux de Norvège de l'an dernier. Alors veux-tu me dire où est-ce qu'ils ont besoin de se ravitailler ? De Zeebrugge en Méditerranée, il ne faut pas vingt jours, et en Méditerranée ils ont Pola et Cattaro, ils ont les côtes bulgares et Constantinople, ils ont la Syrie, ils ont les points de Tripolitaine qu'ont repris les Turcs, et ils ont encore les points du Maroc où nous ne sommes pas. Quoi qu'ils fassent, ils ne sont jamais plus loin que trois ou quatre jours d'une base amie ; alors ils n'ont pas besoin d'aller chercher les neutres. Nous avons l'air plutôt andouilles d'accuser les neutres pour des choses où ils ne sont pas coupables et que nous ne pouvons pas prouver, tandis qu'il y en a tellement qui crèvent les yeux et où nous n'osons rien dire. Tout ça, on en rirait si ça n'allongeait la guerre. Et puis ça finira par coûter cher. Enfin, cette fois-ci, le *Pamir* ne partira pas à vide, mais avec trois mille tonnes de bon minerai que les Boches n'auront pas. Nous ne savons pas encore où nous irons, mais je ne crois pas qu'on parte d'ici avant huit jours, parce que le chargement ne va pas vite.

Sur ce, mon vieux, je te la serre. Je voudrais bien qu'on aille à Bordeaux, parce qu'à Bordeaux il y a un train pour La Rochelle. *Good bye.*

QUATRIÈME PARTIE

Baltimore, États-Unis, 16 juillet
1916.

Mon vieux copain,

C'est tout de même rigolo qu'à deux années d'intervalle je passe le 14 juillet aux États-Unis. Seulement, cette fois-ci, tu n'es pas là, et il n'y a guère de chance que nous tombions en collision. Je me demande si je te trouverais changé, depuis le temps ! Peut-être que je ne te reconnaîtrais pas, puisque tu t'es rasé la moustache pour faire comme tes camarades. Ce que tu dois le faire à la pose, mon vieux, depuis que te voilà catalogué dans la marine de guerre, mais ça ne prendra pas avec moi. D'ailleurs, je ne suis plus le petit gringalet à qui tu flanquais des bourrades pour voir si je tenais sur mes quilles, j'ai une barbe de missionnaire et ma fiancée dit que j'ai forci et que maintenant j'ai l'air d'un homme. Voilà pour le physique. Pour le reste, c'est encore pire. Faut croire que deux ans de turbin comme celui du *Pamir*, tout ce qu'on voit et tout ce qu'on entend, ça met du plomb dans la tête. A La Rochelle ils m'écoutaient tous comme un oracle, même les vieux, ce qui est plutôt le contraire d'il y a deux ans ! Dame, écoute ! On a réfléchi un peu et on a sa jugeotte. Dans le temps, j'allais à la va-comme-je-te-pousse, je me fichais de tout, je trouvais que tout était simple pourvu que j'aie de quoi manger et les pieds au sec sur la passerelle quand on recevait de la flotte. Maintenant, je vois mieux le pourquoi et le comment, je trouve que c'est plus compliqué et il y a des fois où je pense que je serais bien embarrassé si je devais donner des ordres pour la guerre. C'est l'âge qui vient, la maturité comme ils disent. Alors je me rends compte que plus ça ira, plus ça ne fera que croître et embellir et si jamais j'ai de vraies responsabilités, je serai bien trop vieux et je m'empêtrerai dans un tas de considérations qui m'empêcheront d'agir. Après deux ans de guerre, c'est une conclusion dont je suis sûr ; tous les chefs et manitous sont trop vieux, et ce qui me dégoûte, c'est qu'il y a des chances que j'en fasse autant. Tout le monde n'est pas Fourgues, qui a bientôt la cinquantaine et se décide en cinq secondes parce qu'il encaisse les responsabilités. Mais, pour un comme celui-là, il y en a cent qui sont des chiffes, et le pays pâtit de tout cela.

Tu te demandes si le cafard me prend, de te raconter des balivernes, au lieu des histoires du *Pamir* qui te distraient, me dis-tu. Le 14 juillet loin de France, sans un copain pour tailler une bavette, ça me flanque des papillons noirs. Fourgues et Villiers, qui sont bien gentils, ont essayé de me distraire au music-hall de Baltimore, mais tout ça m'embête. Et puis la barbe ! je ne vais pas continuer et je reviens à mes moutons.

J'ai pu aller à La Rochelle ; nous t'avons envoyé une carte postale, ma fiancée et moi. Après quinze jours à Bilbao, le *Pamir* a été envoyé au Boucau pour vider son minerai. C'est une sale rade, où on roulait bord sur bord avec une houle de rien, et où il y a une mauvaise tenue sur le fond. Comme Fourgues a vu qu'on serait long à nous décharger, vu qu'il n'y a pas le matériel qu'il faut, il m'a laissé filer à La Rochelle, et je n'ai pas demandé de détails. J'étais bien content que ça aille vite sur le chemin de fer, mais je me demande ce que durera cette facétie de boulotter du charbon pour les voyageurs en balade, au lieu de le garder pour les soldats et les armées. Quand j'ai dit ça, on m'a dit que le pays rouspèterait si l'on faisait des restrictions. C'est un raisonnement de pantoufles, on sera obligé d'y venir tout de même, et alors le gouvernement aura l'air d'y être forcé et de n'avoir rien prévu, tandis que, s'il commençait tout de suite, personne ne serait étonné. On en a vu d'autres depuis la guerre, et le pays a les épaules assez solides pour qu'on lui dise la vérité. Seulement, c'est la consigne de dire que tout va au mieux et qu'on ne sera jamais obligé de faire comme les Boches. J'ai vu au patelin des tas d'amis qui racontaient les histoires des journaux censurés qui disaient que tout arrive très bien, qu'on a tout ce qu'il faut, que c'est l'affaire de trois ou quatre mois. D'où est-ce qu'ils sortent, tous ceux-là ? Ils n'ont qu'à y venir et ils verront bien. C'est comme les sous-marins boches ! Là-dessus, mon vieux, nous, de la mer, nous n'avons qu'à nous clore le bec. Tout le monde le sait mieux que nous. Pendant deux ou trois jours, au patelin, j'ai dit ce que je pensais, mais je me suis ramassé parce qu'on m'a démontré par *a* plus *b* que les sous-marins c'était de la blague.

Tout ce que je racontais, histoires de mer, voyages, et tout ce que j'avais vu, on m'écoutait et c'était flatteur. Même pour l'histoire de la *Mer-Morte* on trouvait ça très intéressant ; bref, c'était tout comme des concierges lisant un roman et voulant des détails sensationnels. Mais quand je disais que la *Provence*, la *Ville-de-la-Ciotat*, la *Lusitania*, et toute la séquelle c'est le commencement, on disait que j'étais pessimiste et qu'on coulait des tas de sous-marins, qu'il était officiel qu'ils n'en auraient plus, et qu'en tout cas, il n'y avait qu'un millième du trafic coulé et que ça ne comptait pas. Le plus bête, c'est que j'étais obligé d'en dire autant à ma fiancée, sans quoi elle se serait mangé les sangs. Elle m'a fait jurer de faire attention et que les sous-marins ne sont pas dangereux, d'avoir toujours ma bouée de sauvetage sur les épaules. J'ai tout juré. Quand elle pleure, je ne sais plus où me mettre. Je ne lui ai pas avoué que le *Pamir* n'a ni T. S. F., ni canons, qu'il n'était pas près d'en avoir et que, si l'on rencontre un sous-marin, tout ce qu'on pourra faire, ça sera de souffler dessus pour voir s'il éternue. Comme je ne suis resté que cinq jours, les papiers n'étaient pas prêts, on n'a pas pu se marier. Nous avons décidé que ce serait pour la prochaine fois, même si je n'ai que quarante-huit heures de permission. J'ai mis quinze cents francs de côté que je lui ai passés, et elle va arranger tout ça, mobilier et trousseau, pour nous installer dans une petite maison à deux ou trois cents mètres de chez ses parents. Enfin, mon vieux, quoique ça ait été plutôt dur de se quitter à la gare, on sera marié avant un an, j'espère. Fourgues m'avait dit que je pouvais compter sur huit jours, mais le déchargement a été très vite au Boucau à cause que le beau temps est revenu, et j'ai reçu le cinquième jour un télégramme qui me disait de rejoindre Saint-Nazaire au trot, parce que le *Pamir* allait y toucher le surlendemain et que sans doute on allait filer pour l'Amérique. J'ai été plutôt sidéré de cette destination, parce que le *Pamir* avait plutôt pris l'habitude de roulailler autour de l'Europe, mais il faut que les marins s'attendent à tout. Ma fiancée m'a bourré ma valise de confitures et m'a fait un gros paquet de faux-cols, de mouchoirs, de chaussettes et de chemises. Marguerite a brodé sur tout cela de chouettes initiales et a ajouté des pochettes en soie, des bretelles de couleur, des cravates idoines. Ce que je suis faraud, mon vieux ! Villiers en crève, lui qui passe son temps chez le chemisier pour lever des lingeries multicolores.

A Saint-Nazaire, je n'ai trouvé personne, sauf une lettre chez l'agent de la compagnie où Fourgues me disait de rejoindre à Boulogne parce qu'on y avait réexpédié le *Pamir* et qu'il m'y attendait le dimanche suivant. Tu vois si je me suis trouvé cruche d'avoir cavalé de La Rochelle sans prendre le temps de souffler, d'autant plus que ça ne me faisait que quarante-huit heures de délai et que je ne pouvais retourner au patelin. Alors je me suis arrêté une journée à Paris. Il y a un gendarme qui m'a arrêté en gare de Nantes et un autre dans le métro de Paris pour savoir ma situation militaire, parce que j'étais en civil. Si j'avais su, j'aurais fait tout le voyage avec l'uniforme de la compagnie ; tout le monde en France vous regarde du coin de l'œil et dit des choses déplaisantes quand on n'a pas de tenue militaire.

J'ai trouvé le *Pamir* à Boulogne dans le bassin Loubet, en train de charger du vieux matériel anglais usé sur le front en France : des wagons, des canons, des automobiles, des hangars, de la ferraille, qu'on allait réparer en Angleterre.

Fourgues m'a expliqué que le *Pamir* devait bien aller en Amérique pour chercher des barres d'acier pour faire des obus en France, mais que cette commande-là ne devait pas être prête avant un mois, et qu'on en profitait pour nous faire bricoler un petit peu dans la Manche. Comme bricolage, c'était plutôt du travail important, attendu qu'on a fait deux voyages aller et retour, et que chaque fois on a pris en Angleterre deux cents à deux cent cinquante châssis de camion ou d'automobile tout neufs pour le front de France. Ils commencent à démarrer sérieusement, les Anglais. Ils y ont mis le temps, mais ce n'est pas tout à fait la même chose que quand nous y avons passé la première année de la guerre. Je ne sais pas combien il leur faudra de temps pour entraîner leur nouvelle armée, et en faire des soldats et des officiers, mais pour ce qui est du matériel, ça se pose un peu là. Tu n'as pas idée du trafic qui peut passer entre l'Angleterre et la France ; tous les ports reçoivent : Calais, Boulogne, Fécamp, Le Tréport, Dieppe, Le Havre, Rouen, Caen, sans compter les petits. Et ils sont chargés, ceux-là ! A peine arrivé en Angleterre, ça ne faisait pas long feu, le *Pamir* était collé à quai, on lui extirpait sa camelote et on lui en fourrait d'autre. Ça durait plus longtemps en France, mais ça va tout de même un petit peu mieux que l'an dernier. Oh ! ça n'est pas le rêve, et tu te demandes souvent ce que fabriquent les bateaux et les wagons vides ; enfin, dans quatre ou cinq ans, les officiels et les Lebureau regarderont peut-être leur montre au lieu d'empiler du papier.

Enfin, on est parti pour Baltimore, avec quelques dizaines de caisses d'exportation française ; des tissus, des articles de Paris, pas grand'chose. Quand je pense que les Allemands continuent à envoyer leurs catalogues et leurs marchandises dans le monde entier, par l'intermédiaire des neutres, et qu'on trouve moyen de faire filer un *Pamir* de trois mille tonnes avec à peine deux ou trois cents tonnes de pacotille, je trouve que ce n'est pas la peine de chanter dans les journaux qu'il faut faire des économies. Ce petit voyage d'Atlantique aura coûté quelque vingt mille balles à la princesse, qu'elle aurait pu récupérer en partie. Et c'est partout comme ça. On peut préparer un nouvel emprunt ; Fourgues dit que c'est économiser sur les centimes et jeter les milliards à l'eau.

Villiers et Fourgues ont passé leur temps à s'attraper pendant la traversée, à table, en discutant tout ce qui arrive depuis deux ou trois mois : la rébellion d'Irlande, la retraite de Mésopotamie, l'affaire du Jutland, la mort de Kitchener, sans compter nos histoires à nous. Au début, Fourgues tenait un peu la dragée haute à Villiers, parce qu'il croyait que l'autre le contredisait pour le faire monter à l'arbre, et il lui a dit deux ou trois fois que ça suffisait, et qu'il était inutile de continuer sur ce ton-là. Mais ça c'était en Méditerranée, quand Villiers est venu à bord avec ses cravates et ses mains soignées. Comme il a reclinqué la machine en deux temps, trois mouvements, et que tout marche sur des roulettes, Fourgues a compris qu'on ne pouvait pas la lui faire, et que c'est chic d'avoir un officier sur qui on peut compter. Maintenant il lui demande son avis sur des tas de questions techniques. Mais pour les grandes discussions navales et politiques de la guerre, ils se bousculent comme des chiffonniers ; ils sont au fond du même avis, mais je commence à croire que ça les amuse de se chamailler. Villiers a une petite manière de discuter avec une voix calme, comme s'il avait peur de déranger sa raie ou son faux-col. Fourgues essaie de tenir le coup et il dit :

— Eh bien ! Villiers, causons tranquillement ; on n'est pas du même avis, mais ça fera du bien à ce petit-là d'entendre vos raisonnements.

Le petit, c'est moi. Depuis que Villiers est arrivé, Fourgues m'a mis dans le tiroir, parce que je n'ai pas l'estomac à lui tenir tête. Et puis, il m'en veut, parce que je ne me suis pas marié à La Rochelle. Il me répète que je suis un tire-au-flanc, que la prochaine fois il ira avec moi à La Rochelle et me conduira à la mairie en sortant du train. Si ça doit me faire rappliquer plus tôt, je ne demande pas mieux.

Donc je les écoute, sans être forcé de répondre. Quand Villiers est optimiste, Fourgues dit que tout est fichu ; quand Villiers est pessimiste, Fourgues dit que les Alliés n'ont pas raté une seule bêtise, et que du moment que les Boches ne les ont pas eus, on tient le bon bout et on leur rentrera dedans. Seulement, il dit tout cela en rugissant, parce qu'après cinq minutes il ne peut pas tenir le coup devant l'impassibilité de Villiers.

Je crois qu'à chaque repas ils ont parlé de cette histoire du Jutland : savoir qui était battu, quels étaient les résultats, etc. Villiers est en relations avec des tas d'officiers-mécaniciens de la marine de guerre, qui ont passé comme lui aux Arts-et-Métiers, et puis il a l'habitude des chiffres et de la précision. Il dit que des histoires comme le Jutland, ça fait du tapage dans les journaux et dans les discours, mais qu'au fond ça ne sert exactement à rien. Fourgues, lui, est pour taper sur les Allemands toutes les fois qu'on peut, et il dit que, si les Anglais avaient pu démolir la flotte allemande tout entière, la guerre serait bien avancée. Villiers répond que ce n'est pas vrai du tout, que, même si tous les gros bateaux allemands étaient au fond, leurs côtes seraient défendues aussi bien par les canons et les mines et les sous-marins et les zeppelins, et que les Anglais n'en approcheraient pas davantage ; il dit aussi que, même si les Allemands avaient perdu tous les gros bateaux, ça ne changerait pas un iota à la guerre sous-marine, et que les sous-marins nous empoisonneraient autant ; que les cuirassés, c'est de l'histoire ancienne, comme qui dirait les canons qui se chargent par la gueule ; qu'il n'y avait plus, dans l'avenir, que les sous-marins, les mines, les navires légers qui feraient du vrai travail, comme cette guerre le démontrait. Quoique je sache que c'est plutôt l'avis de Fourgues, il répondait, rien que pour tenir tête, que tant qu'un côté ferait des gros bateaux, l'autre était obligé d'en faire. Mais Villiers n'a pas été collé, il a demandé avec quoi le *Gambetta*, l'*Océan*, le *Cressy*, le *Hogue*, l'*Aboukir*, le *Bouvet*, le *Hampshire*, et toutes les autres grosses barques avaient été coulées : pas par des gros navires, mais par des torpilles qui coûtent vingt mille francs au plus et envoient trébucher des cuirassés de cinquante millions et plus ; que si chaque bateau de cinquante millions avait servi à faire par exemple vingt-cinq sous-marins torpilleurs ou porteurs de mines, les Alliés en auraient peut-être un millier et les Allemands pourraient avoir tous les dreadnoughts du monde, ils n'oseraient pas mettre le nez dehors ; et qu'inversement, si les Allemands avaient cinq cents ou mille sous-marins au lieu de gros bateaux, ils nous rendraient la vie intenable sur mer, mais que, comme ce ne sont pas des gens qui s'obstinent dans de mauvaises voies, ils auront vite compris que le sous-marin et la mine étaient l'arme maritime, et allaient en sortir comme des petits pâtés. Fourgues m'avait assez répété cette histoire-là pour que je sache que Villiers avait fait mouche ; mais il a voulu ergoter. Alors Villiers lui a dit un soir :

— Je vous apporterai demain un calcul de ce qu'a coûté la bataille du Jutland, d'après les comptes-rendus officiels qu'on a eus au départ d'Angleterre, et vous verrez si ça vaut la peine de construire de gros bateaux.

Il est revenu le lendemain avec son topo au déjeuner, et Fourgues s'est ramassé. Villiers m'a permis de le recopier pour te l'envoyer. Il l'a mis à jour avec les derniers tuyaux qu'on a eus en Amérique et il n'y a pas à dire, on ne peut pas sortir de là, c'est des chiffres. Voilà le topo. Je te le copie tel quel, comme l'a arrangé Villiers.

COUT DE LA BATAILLE DU JUTLAND

Le total de l'argent perdu dans la bataille du Jutland se divise en cinq parties :

1º Navires anglais et allemands coulés ;

2º Réparations des navires avariés ;

3º Dépenses de l'artillerie ;

4º Dépenses de charbon et accessoires ;

5º Capital représenté par les hommes noyés et les pensions aux ayants-droit.

CHAPITRE I. — NAVIRES COULES.

Allemands

	Francs
Derfflinger	60 millions
Lützow	60 —
Kaiser	60 —
Hindenburg	60 —
Pommern	30 —
Elbing	10 —
Wiesbaden	10 —
Rostock	10 —

Frauenlob	6	—
Neuf destroyers (en tout) environ	27	—
Un sous-marin	2	—
Total allemand	335	millions
Anglais		
Invincible	50	millions
Indefatigable	50	—
Queen Mary	60	—
Black-Prince	30	—
Warrior	30	—
Defence	35	—
Huit navires légers (en tout) environ	25	—
Total anglais	280	millions
Total général des navires coulés	615	millions

CHAPITRE II. — RÉPARATIONS DE NAVIRES AVARIÉS.

Le nombre des navires avariés est de beaucoup supérieur à celui des navires détruits. Quelques-uns sont certainement inutilisables et représentent la perte sèche de leur valeur. Il est impossible de déterminer le prix de la réparation des autres, mais on ne doit pas être loin de la vérité en estimant ce chapitre à environ le tiers du chapitre des destructions totales, soit environ 200 millions, qui, ajoutés au premier total, font environ 800 millions.

CHAPITRE III. — DÉPENSES DE L'ARTILLERIE.

Il y avait cinquante gros navires environ engagés dans la bataille, armés de canons de 305, 340 ou 380, en nombre variable. En admettant le nombre moyen de 10 canons par bateau, tirant deux coups à la minute et d'un prix moyen de 3.000 francs par coup, cela fait $50 \times 10 \times 2 \times 3.000 = 3$ millions de francs par minute. En totalisant les minutes de tir et en admettant 45 minutes pour l'ensemble, cela ferait $3 \times 45 = 135$ millions. Si l'on ajoute le tir de l'artillerie moyenne, les canons éclatés ou à changer, on peut admettre un total d'artillerie voisin de 150 millions, qui, ajoutés aux autres, font 950 millions.

CHAPITRE IV. — DEPENSES DE CHARBON ET ACCESSOIRES.

Un gros navire à toute vitesse brûle environ 1.000 tonnes par jour à environ 50 francs la tonne (sinon plus), soit 50.000 francs en un jour. On peut considérer que l'ensemble des opérations à grande vitesse et chauffe activée a duré au moins un jour, soit 2 millions et demi pour les gros bateaux seuls ; si l'on ajoute le charbon des petits bateaux, cela fait bien 3 millions. Les usures de chaudières, de dynamos, de mécaniques autres que celles provenant d'avaries de combat, font bien monter ce total à 20 millions, qui, ajoutés aux 950 précédents et en arrondissant pour les imprévus, constituent un total d'environ 1 milliard pour le matériel seul.

CHAPITRE V. — CAPITAL REPRESENTE PAR LE PERSONNEL.

Certains bateaux n'ont eu qu'un ou quelques hommes sauvés. Le nombre total des morts excède assurément 10.000 hommes. Beaucoup de blessés aussi, les uns définitifs, les autres à moitié mutilés. En admettant un total de 20.000 personnes pour qui l'État doit payer une pension, soit à eux, soit à leurs ayants-droit, et mettant une moyenne de 10.000 francs par pension annuelle, on arrive à 20 millions d'arrérages annuels, soit, au taux de 5%, un capital immobilisé de 400 millions. Il est impossible d'apprécier la valeur intrinsèque que représentent les 10.000 tués et les 10.000 blessés, tous pris parmi les plus valides des deux nations, non plus que les ruines engendrées par leur mort dans les familles ; mais on n'est pas loin de la vérité en posant à 500 millions le total de la perte humaine, ce qui, ajouté au milliard précédent, met les quelques heures de la bataille du Jutland à 1 milliard 500 millions environ.

Voilà le topo de Villiers. Pour la forme, Fourgues a voulu chicaner sur tous les articles, mais Villiers était solide au poste, parce qu'il avait calculé tout cela d'après des revues techniques qu'il avait prises en France et en Angleterre, et il a dit qu'il était resté plutôt en dessous de la vérité, vu que les bateaux coûtent toujours plus cher qu'on ne le dit officiellement, qu'en temps de guerre le charbon, les obus et tout montent de semaine en semaine, et qu'il était bien gentil d'avoir pris du 5% au lieu de 9% pour les pensions.

— D'ailleurs, commandant, ce n'est pas la question d'ergoter sur cent millions de plus ou de moins. Mettons n'importe quel prix entre un et deux milliards. Voulez-vous me dire si cela aura avancé la guerre d'un quart de seconde ?

— Mais enfin si on avait pu assommer les Boches et leur bousiller toute leur flotte…

— Ça aurait fait trois ou quatre ou cinq milliards parce que les Anglais auraient écopé aussi, et puis après ?

— Eh bien ! les Anglais n'auraient plus qu'à rentrer au port et à se chauffer les pieds au lieu d'être sur le qui-vive et mener une vie de chien à cause des gros bateaux allemands.

— C'est justement ce que je voulais vous faire dire, commandant. Je vous fais la partie belle. J'admets que la grande flotte allemande soit détruite. Est-ce que cela diminuera d'un seul le nombre de leurs sous-marins ? Est-ce que leurs mines ou batteries ou torpilles ne nous empêcheront pas aussi bien d'approcher leurs côtes ? Est-ce que nous aurions un seul bateau de commerce de plus sur l'eau et un seul de moins coulé ?

— Oui, oui, oui ! Mais tant qu'ils ont des gros bateaux, il faut en avoir contre eux.

— Je n'en suis pas d'accord. Il nous suffirait d'avoir des centaines de sous-marins pour les empêcher de sortir de chez eux ou de les traquer sur l'eau comme ils font pour nous.

— Mais enfin leurs navires cuirassés couleraient nos cargos à nous.

— Où avez-vous vu que les cuirassés de combat et les croiseurs de bataille fassent la guerre de course ? Ils sont trop délicats et ne peuvent pas emporter de charbon pour tenir longtemps la mer. Ce sont les navires légers ou les sous-marins qui font la chasse au trafic.

— Bref, où voulez-vous en venir ?

— A ceci : que le gros bateau ne sert plus à rien, qu'à faire dépenser des milliards en quelques heures sans que personne s'en trouve ni mieux, ni plus mal. Cela me paraît limpide. Tandis qu'un bon sous-marin, qui coûte deux millions, emporte six ou huit torpilles et des canons, peut couler ses huit ou dix cargos dans le mois avec un peu de veine. Même s'il y reste, il a fait sa force, parce que vingt ou trente mille tonnes de blé, de charbon, d'acier ou de caoutchouc sont au fond de l'eau. Voilà qui embête l'ennemi. Ça fait moins de bruit dans les journaux, mais c'est le vrai travail de guerre, et, dans cette guerre-ci la victoire sera à celui qui fera le plus de mal à l'autre dans le plus bref délai. D'ailleurs, ç'a toujours été comme ça et je ne comprends pas qu'on ne l'ait pas encore compris cette fois-ci.

Je n'en finirais pas de te raconter leurs palabres là-dessus. Il y a de quoi d'ailleurs, la question en vaut la peine, et je serais bien aise que tu me fasses une tartine sur ta façon de penser. Toi qui es sur un dreadnought, tu dois trouver saumâtre que je t'écrive des choses pour vilipender ta partie, mais entre nous deux on n'en est pas à faire des chichis. Sans blague, j'attends ta réponse.

Naples, 23 septembre 1916.

Mon cher vieux,

Depuis ma dernière, le *Pamir* a fait Baltimore, New-York, Brest, Cardiff, Gênes et Naples. Tu vois qu'on n'a pas perdu de temps. On a bien failli retourner en Amérique pour reprendre des barres d'acier et des obus, mais au dernier moment on nous a désignés pour ravitailler l'Italie. Alors nous voici sous le Vésuve et comme ils disent, il ne nous reste plus qu'à mourir. Mais je n'en ai fichtre pas envie, parce que Fourgues vient d'écrire une lettre tapée à la compagnie disant qu'il faut qu'il passe au bassin depuis le temps qu'il bourlingue, d'autant plus qu'on a tapé dans quelque chose de dur par là du côté de l'Angleterre et qu'il voudrait bien savoir ce qu'il a au ventre, vu que l'eau entre dans la cale et qu'on a vingt centimètres par jour qu'il faut pomper sans s'arrêter. Alors, j'espère qu'on va rentrer en France pour se faire caréner, et comme ça prendra bien huit ou dix jours, Fourgues m'a promis que je serais bon pour la mairie et pour l'église. Alors il y a eu du bon. Ce n'est pas à Baltimore qu'on a pris de l'acier, attendu que le nôtre n'y est pas arrivé. Fie-toi aux Boches pour fabriquer des grèves dans les usines, des accidents sur les voies ferrées et des égarements de trains. En tout cas, Fourgues a appris en roulaillant par-ci par-là, mais pas auprès des autorités consulaires, que, pendant qu'il n'y avait pas d'acier pour nous à Baltimore, il y en avait à New-York des monceaux qui se rouillaient sur les quais en attendant preneur. Alors Fourgues a pris ses cliques et ses claques, et le *Pamir* est allé s'amarrer près du pont de Brooklyn, et l'on s'est introduit trois mille tonnes d'acier et du rabiot sur le pont. Tu peux dire que Fourgues n'y est pas allé avec le dos de la cuiller, et qu'il regrettait de ne pas en mettre dix mille tonnes. Le *Pamir* entrait dans l'eau jusqu'aux écubiers, et il a marché comme une tortue, avec un petit mauvais temps d'été qui n'était pas dans un étui à jumelles. Mais on s'en fichait, parce que cette fois on servait à quelque chose.

A New-York, Fourgues est tombé pendant une bordée qu'il a tirée dans Broadway et les quartiers chics avec Villiers, sur le type Flannigan que je t'ai raconté qu'on avait tossé en Norvège, l'autre année. Ils sont tous revenus à bord au milieu de la nuit avec une bouche en palissandre, en faisant un bouzin à réveiller un cimetière et avec un gramophone qu'ils avaient étouffé dans un bar. Ils se sont mis à jouer des cake-walk et des airs de nègres sur les disques qu'ils avaient aussi refaits, et je me suis levé à deux heures parce qu'il n'y avait pas moyen de roupiller. Comme Flannigan repartait le matin pour le pays des Scandinaves, comme il dit qu'il va faire un tour en Bochie, il est resté à bord jusqu'à six ou sept heures à boire du Dubonnet à l'eau de seltz, histoire de se fourbir la luette, et à raconter ses campagnes à Fourgues et à Villiers qui buvaient des litres et des litres d'eau de Vichy, pour laver toutes les drogues qu'ils s'étaient enfournées dans l'estomac.

Flannigan a beau dire, nous sommes sûrs qu'il fricote chez les Boches et que ce n'est pas au bout de la longue-vue qu'il a appris tout ce qu'il chante. Mais on n'a rien à y voir, n'est-ce pas, du moment qu'il est neutre, et que la politique officielle de l'Entente c'est de laisser les Boches faire leurs petits micmacs pendant que les journaux impriment que le blocus est parfait, que les Allemands font ceinture et qu'ils vont arriver après-demain en disant « Kamerad », et avec la bouche ouverte pour que nous leur donnions à croûter. Ce n'est pas l'opinion de Flannigan, et la nôtre non plus, et celle de personne faisant le trafic. Je résume les renseignements de Flannigan :

« Les Boches ne mangent pas autant qu'avant, c'est certain, mais tout le monde sait qu'on mange toujours trop. Mais ils savent bien que nous laissons passer par la Suisse, la Hollande et les pays scandinaves des tas de marchandises bonnes à manger.

« La terre aussi est toujours là. Elle produit moins à cause que les hommes valides sont au front, mais, si l'on admet qu'elle produit la moitié d'avant, ce n'est pas encore la famine. Alors, les Allemands font là-dessus de la musique à l'usage des étrangers, mais ils sont tranquilles. Seulement ils savent aussi que l'Angleterre n'a pas plus de deux dixièmes de son territoire réellement cultivés pour la nourriture et que, si on lui coupe les vivres qu'elle reçoit du monde entier, c'est elle qui fera ceinture. Ils savent aussi qu'ils ont choppé à la France et à la Russie le meilleur de leurs mines de charbon ; que l'Italie, la Russie et la France dépendent des envois qu'on leur fait par mer. Alors, pour tout cela, les Boches préparent quelque chose de bien tassé comme guerre sous-marine. Ils ont établi en 1915 un programme de construction, et, quand ce programme sera exécuté, ils déclareront la guerre sous-marine à outrance. Ils n'étaient pas du tout prêts, à la déclaration de guerre, à la guerre sous-marine, puisqu'ils n'avaient que vingt ou trente sous-marins, et qu'on peut se fier à eux pour ne pas avoir négligé d'avance ce moyen-là s'ils avaient cru qu'il serait bon.

« Mais comme ils ont vite compris que c'était une de leurs meilleures chances, ils se sont mis à construire de pied ferme, et les sous-marins vont sortir. Ils seront armés de gros canons, iront plus vite que les cargos et pourront sans se gêner rester dehors vingt à trente jours. Il y en aura d'autres qui seront mouilleurs de mines, et qui les sèmeront sur tous les bons passages. Tous peuvent couper les filets de barrage et se poser au fond de l'eau. Flannigan dit que c'est la conversation courante en Allemagne, et que, même si les gens officiels en France et en Angleterre ne croient pas ce qu'ils disent publiquement : que c'est un bluff, ils feront bien de s'attendre à quelque chose de salé comme guerre sous-marine, vu que, quand les Allemands démarreront, ils s'y mettront aussi fort qu'ils ont fait à leur démarrage sur terre. »

Flannigan a brodé sur ce thème pendant trois ou quatre heures et je ne me rappelle pas tous les chiffres qu'il a donnés. Villiers les écrivait à mesure, pour les passer à des copains en France, ce qui ne servira à rien, dit-il, vu que le mot d'ordre est de dire que les sous-marins, ça n'existe pas.

Le *Pamir* a quitté New-York le lendemain que Flannigan est parti. A New-York, nous avons embarqué un type des munitions, un ingénieur dans le civil, qui était allé en Amérique s'occuper des commandes des munitions, d'aciers, etc., et qui a profité de nous pour accompagner le chargement de barres d'acier qu'il avait surveillé en usine. Il s'appelle Mousseaux ; il n'y connaissait guère à la marine avant la guerre, mais il a déjà fait quelques voyages en Serbie, en Russie, en Espagne, en Amérique et ce n'est pas tout à fait un éléphant. Il nous a raconté des tas d'histoires sur les munitions, les marchés, les commandes, les Boches, et m'est avis que Mousseaux pense aussi que, si nous gagnons la victoire, ça ne sera pas faute de lui avoir tourné le dos. Il est astucieux. C'est un Normand grand, blond, les yeux bleus. Bref, il a de la branche.

Il a plutôt fait la tête quand il a vu que le *Pamir* n'avait ni T. S. F., ni canons, ni rien contre les sous-marins. Mais comme il nous avait télégraphié de l'intérieur qu'il prendrait passage avec nous et qu'il est seulement arrivé le matin du départ, il n'a pas voulu s'en dédire et il a avalé la pilule, d'autant que ça lui faisait gagner quatre ou cinq jours. Il n'y a pas des bateaux pour la France comme on veut, maintenant. D'ailleurs, c'était son douzième voyage depuis la guerre et il a été huit fois sur les bateaux sans T. S. F. ni canons. Alors, comme tous ceux qui roulent un peu leur bosse sur l'eau, il pense la même chose que nous tous, et l'on est vite tombé d'accord que la marine marchande des Alliés est quasiment offerte aux sous-marins boches, et que ça durera ce que ça durera. Lui qui est ingénieur, il a assuré que ce ne serait rien comme galette d'installer la T. S. F. sur les bateaux, et que le prix d'une seule grosse barque bien chargée qui a été coulée pour ne pas avoir été avertie, aurait couvert le prix de la T. S. F. pour au moins cent cinquante à deux cents cargos. Mousseaux ajoute qu'il faudrait quelqu'un à poigne pour obliger les armateurs, les administrateurs de la marine et tout le monde à se mettre d'accord et que ce serait l'affaire d'un mois. Seulement, personne n'ose prendre de décision, et ça coûtera quelques dizaines de millions au pays.

Fourgues et Mousseaux se sont aussi un peu piqués, parce que Mousseaux demandait ce que ça signifiait de mettre des canons à l'arrière des cargos qui en ont et pas à l'avant ; Fourgues lui a demandé ce qu'il voulait dire par là.

— Oui, — a répondu Mousseaux, — j'ai voyagé sur plusieurs bateaux qui avaient un seul canon, et ce canon était à l'arrière.

— Dame, — dit Fourgues, — on n'a pas dû demander l'avis des commandants de bateaux. Si jamais on m'envoie un canon, on y mettra autour des tas de bougres de la marine qui le mettront derrière, parce que la doctrine de l'Entente est de faire de la défensive contre les sous-marins.

— Mais, commandant, le seul moyen de les démolir, c'est de les attaquer et de faire tête quand on les rencontre.

— Ça, c'est votre idée, c'est celle de nous tous. Soyez assez aimable pour le dire à Paris à qui de droit. Vous ferez un de plus que l'on priera de fermer sa boîte et de se mêler de ce qui le regarde, parce que la consigne est de ficher le camp, oui, monsieur, de ficher le camp devant le sous-marin et de lui tirer dessus par derrière si l'on a le temps. Quant à l'attaquer, défendu, bernique, ça n'est pas dans le programme.

— Alors, commandant, à quoi cela sert de dire que nous sommes maîtres de la mer, si les bateaux doivent fuir et jamais attaquer ?

— Oui, à quoi cela sert-il ? Je vous pose la question. On nous fourre des millions de marchandise dans le ventre. On nous dit : « Porte-les en Europe, tu n'as rien à craindre ! » Tous les jours, nous apprenons qu'un camarade a bu le bouillon devant un sous-marin, mais il paraît que ça ne compte pas. Si nous avons la veine d'en rencontrer un, défense de lui tomber dessus. Il faut se laisser faire ou bien tourner le dos, comme des jeanfoutres.

« Et si nous attrapons la purge ? Regardez ma mâture, nous n'avons pas même quatre fils de fer pour envoyer un radio aux camarades qui sont dans les parages ! Il n'y a pourtant pas de quoi attraper une méningite à découvrir ce qu'il faudrait aux bateaux de commerce. Le syndicat des capitaines marchands le demande sur tous les tons, et ça crève les yeux. Mais on sait bien que nous ne nous mettrons pas en grève, et les grosses légumes racontent que nous avons la trouille ou que nous sommes des révoltés. Alors, marche ou crève. On marche… et chacun est sûr d'être décanillé à son tour.

— D'autant plus, commandant, que, sans vouloir chiner la marine marchande, les passagers sont à peu près sûrs d'être noyés si on les torpille. Vous, sur le *Pamir*, vous avez deux canots qui pourraient suffire à votre quarantaine d'hommes. Mais j'ai voyagé sur des bateaux avec mille ou douze cents hommes de troupe, et il n'y avait pas de quoi en sauver plus de quatre ou cinq cents. Comme la plupart du temps la moitié des embarcations, toutes celles du côté qui monte en l'air après torpillage, est inutilisable, vous voyez qu'il faut tout de même du courage pour aller sur l'eau, et de la folie pour envoyer des régiments entiers sans protection. Après tant de mois de guerre les pékins trouvent cela drôle. Si c'était sur terre il y a longtemps que le Parlement ou les journaux auraient fait changer ça. Mais le pays ne connaît rien à la marine, et on lui chante des histoires qu'il gobe. Vous avez de la veine que le pays n'y comprenne rien.

— Tonnerre de tonnerre, — a répondu Fourgues, — vous appelez ça de la veine ! C'est-à-dire que c'est à se casser la tête contre le compas. Et encore c'est pire que vous croyez, monsieur. Après tout, je m'en fiche, on est entre amis, et l'on peut parler. Croyez-vous que sur les paquebots et transports, la marine n'a pas encore fait de consigne, affichée partout, où les passagers sachent ce qu'ils ont à faire en cas de sous-marin ? Alors ils embarquent comme des moutons, avec le dernier journal où est imprimé que les sous-marins c'est de la blague ; et, quand ils sont torpillés, c'est de la boucherie, monsieur, c'est du massacre, et il n'y a rien à dire, puisque c'est comme ça qu'on veut que ça soit. Qu'est-ce que vous voulez qu'ils fichent, ces centaines d'éléphants, quand le bateau commence à basculer ? On ne leur a rien dit. Ils ne savent pas. Ils courent partout. Ils gueulent comme des ânes, sautent dans les embarcations, coupent les cordages, et ça fait des noyés qu'on passe aux profits et pertes. Si un seul général traitait nos soldats comme cela, on l'enverrait à Limoges d'abord, et on le ferait passer en conseil de guerre ensuite.

Tu vois d'ici le ton de Fourgues. On ne s'occupe plus guère des affaires terrestres et diplomatiques, à bord du *Pamir*. La mer nous suffit, on sent qu'on est traqué de jour en jour, un peu plus serré à chaque traversée, et l'on ne peut rien faire, et l'on ne peut rien dire, c'est défendu ! Ah ! j'oubliais une conversation après ce que nous a dit Flannigan, à New-York, sur les équipages des sous-marins allemands. Les journaux et les autorités françaises racontent que tous les bons équipages allemands sont détruits depuis longtemps, et que les équipages de sous-marins, ça ne se fabrique pas comme des gaufres et qu'alors nous pouvons être bien tranquilles. Flannigan a dit que c'est une blague. D'abord, avec de l'argent on a ce qu'on veut dans tous les pays, et les Allemands payent royalement leurs sous-marins. Ensuite, tout le monde sait que, dans un sous-marin, il n'y a que deux types qui doivent connaître leur affaire, le commandant et le second qui font les manœuvres de plongée et de direction. Quant à l'équipage, ils ont des postes de mécaniciens avec des volants, des manettes, des soupapes, comme dans n'importe quelle usine, et ils n'ont qu'à exécuter les ordres des deux chefs, tourner à droite, vider à gauche, chasser au centre. Ce n'est pas la mer à boire ; le premier mécano venu est à la coule en un mois, et ça fait des équipages épatants tout comme ceux des zeppelins. Il n'y a que le risque. Mais je voudrais bien savoir dans quel pays le risque arrête les types qui ont du cran ? Pas en France, ni en Bochie. D'ailleurs, a dit Flannigan, quand les sous-marins ont trimé dur pendant quinze ou vingt jours à la mer, on les envoie en permission à leur arrivée au port, pendant huit ou quinze jours dans leur famille, pendant que d'autres pieds noirs remettent toute la mécanique en état. Ils sont traités en héros et fêtés partout, plus les parts de prise et destruction. C'est-à-dire qu'on doit refuser les candidats, tout comme dans l'aviation française où l'on se fait pourtant casser la figure, mais après avoir tapé sur l'ennemi.

Et puis Flannigan a dit que l'amirauté allemande n'emprisonne pas les commandants de sous-marins, sous prétexte qu'ils sont jeunes. Elle leur met la bride sur le cou, les envoie avec pleins pouvoirs, et ne s'occupe pas plus de ce qu'ils ont fait que des papelards qu'ils écrivent. Avec ça, on peut s'attendre à quelque chose de salé comme affaires sous-marines. Si l'on en faisait le quart à des Français, je crois qu'ils crocheraient la lune.

A Brest, on a débarqué notre acier, pas bien vite, mais c'est la règle. En voilà une chic rade ! Elle pourrait contenir tous les bateaux d'Europe et d'Amérique, et c'est la plus près des États-Unis. Elle ferait gagner de douze à vingt-quatre heures sur tous les voyages d'Atlantique. Fourgues prétend qu'il n'y a que les Français pour ne pas se servir d'un port pareil. C'est qu'on est trop riche, dit-il. Si les Boches, ou les Anglais, ou les Yankees avaient Brest, ils y auraient fait le premier port transatlantique du monde qui enfoncerait Hambourg, Rotterdam, Londres, Liverpool et New-York réunis. Mais la marine de guerre ne veut pas et le fret de l'Atlantique passe ailleurs, et notre bonne galette s'en va aux autres.

Il y avait à Brest des tas de bateaux qui partaient pour Arkhangel, avec du matériel qui ira se perdre en Mandchourie ou au Tibet probablement, vu que Flannigan nous a dit que le tsar est entouré de toute une clique qui travaille pour les Boches. Fourgues aurait bien voulu que le *Pamir* refasse le petit voyage de l'an dernier en Russie, mais on nous a envoyés à Cardiff où il y avait ordre de prendre du charbon. Alors, on est parti à vide, selon le coup habituel. Ça embêtait Fourgues de prendre du charbon, parce que depuis longtemps le *Pamir* n'avait trimballé que des choses propres. Mais on a compris pourquoi à Cardiff, et c'est le patron qui est là derrière. Je comprends qu'à l'heure d'aujourd'hui il y ait du bénef à charger du charbon, et le *Pamir* aura payé son prix avec ce voyage ; il peut couler maintenant. Fourgues et moi avons fait notre force, le patron pourra s'offrir des cigares à cent sous.

On a failli couler d'ailleurs au large de Sallys, en partant de Cardiff pour Gênes. C'était pendant le quart de Fourgues, entre deux et trois heures de l'après-midi. Le *Pamir* a tossé dans quelque chose qui l'a secoué depuis la quille jusqu'à la pomme des mâts. Mais ça n'a pas éclaté. C'était peut-être un sous-marin qui l'aura senti passer, vite le pire ; ou bien une mine qui n'a pas éclaté. Toujours est-il que rien ne s'est produit, sauf que nous embarquons par jour quarante tonnes d'eau dans la cale, et qu'on pompe sans arrêter. Comme il y a encore du charbon à bord, je ne peux pas te dire ce que c'est, mais nous avons reçu un pain sérieux. Fourgues et Villiers disent qu'on peut marcher encore jusqu'en France, pour passer au bassin, mais nous saurons après-demain ce qu'il y a de démoli dans la carène, quand nous aurons vidé le charbon. De Cardiff à Gênes, ça a lansquiné tout le temps ! Jamais nous n'avons eu une traversée aussi humide. Beau temps, d'ailleurs. Pas rencontré un seul navire de patrouille, sauf à Gibraltar. Nous ne sommes pas étonnés qu'il n'y ait pas de navires de patrouille, seulement on a tort de dire que les routes sont gardées.

A Gênes, poireauté pendant quatre jours. Il y avait erreur sur la destination du charbon, qui était pour les usines de Naples et de Rome. Visité la ville et les environs. Ils ne se frappent pas, en Italie. Au fond, mon vieux, il n'y a guère que la France qui trinque pour de bon dans cette guerre : hommes, territoire, galette et effort.

On a déblayé de Gênes pour Naples, où ils s'en font encore moins. Ce n'est pas pour dire, mais il y a plutôt quelques classes qui ne sont pas mobilisées. D'ailleurs, ce n'est pas mon affaire. Moi je m'y connais en marine marchande, mais pour le reste on peut toujours me dire que je dis des inepties. Nous sommes mouillés dans le port entre deux navires de guerre qui ne sont pas au canal d'Otrante. On nous débarque notre charbon couci-couça.

Pour parler d'autre chose, on parle de la Roumanie qui rentre dans la fête, et de l'Italie qui déclare la guerre à l'Allemagne. Fourgues dit que ça veut dire au moins six mois de guerre de plus. Alors quoi, plus qu'on a d'alliés, plus ça durerait ?...

Sur ce, mon vieux, je te la serre. Fourgues et Villiers me mènent ce soir dans un beuglant de la rue Tolédo, pour voir si je suis, comme ils disent, un fiancé à l'épreuve des feux. Je vais me barber. Si l'on va au bassin en France, je t'enverrai un télégramme par le Ministère de la Marine. Si ton *Auvergne* est en France, rapplique immédiatement à La Rochelle, c'est toi que j'embrasserai le premier après ma femme.

Marseille, octobre 1916.

Mon vieux copain,

Les gens heureux n'ont pas d'histoire. Tu es parti vers Argostoli ou le Pirée et j'ai reçu ton télégramme le jour de mon mariage. Ma femme est avec moi à Marseille et t'envoie bien le bonjour avec ses regrets que tu n'aies pas été là. Fourgues était venu. Il a fait un petit speech qui nous a fait littéralement tordre. Il m'a offert une chouette lampe en fer forgé. Villiers m'a donné un amour de narghileh à deux tuyaux pour nous apaiser, moi et ma femme, quand nous nous serons disputés. Je te remercie du cadeau que tu m'annonces. Le *Pamir* est au bassin, il sera prêt dans quatre ou cinq jours. Au revoir, vieux, je suis heureux comme un roi et je t'en souhaite autant quand ton tour viendra.

Marseille, 30 octobre 1916.

Mon cher ami,

Ma femme est repartie hier pour La Rochelle, parce que le *Pamir* devait quitter Marseille hier soir. Mais on a été retardé, attendu que Fourgues pense que nous allons charger de la marchandise. Alors je t'écris, vu que je t'ai envoyé une petite lettre d'ici, et que j'en ai reçu hier une longue de toi. Je ne veux pas te faire de la morale, mais cherche une femme. Cherches-en une qui te plaise et vas-y tête baissée. Crois-moi, pour des types comme nous, qui avons une autre vie que ces embusqués de terriens, c'est une révélation et c'est le vrai bonheur. Je ne suis plus le même. Je ne te fais pas l'article. Si c'était le contraire, je crois que je te le dirais tout aussi bien. Me voilà le cœur tordu, parce que Marguerite est partie hier, et parce que le *Pamir* appareille bientôt. Avoir une jeune fille pour soi tout seul, écouter ce qu'elle vous dit et que personne n'a jamais entendu, et s'en aller sur l'eau... c'est quelque chose qui ne peut pas se décrire.

Ajoute la guerre et les mines et les sous-marins ! Fourgues avait bien raison. L'homme ne sait ce qu'il a dans le coffre que quand il a pris une femme, une vraie, et qu'il la quitte. Quel métier que le nôtre ! Tout feu, tout flamme quand on est dans le monde comme un bateau sur l'eau ! Mais quand il faut gagner sa vie pour faire vivre une femme que l'on adore, au prix de n'être jamais là, c'est le pire de tout... Hier, à la gare, elle est partie et moi je restais sur le quai. Elle m'avait supplié d'être prudent, de me sauver si le *Pamir* coulait, de ne pas avoir d'amour-propre et d'oublier que je suis officier et de penser à elle ! Je jurais ! Mais tu sais ce que c'est que l'honneur professionnel. Je sais bien que je mentais. Je sais bien que le marin, si la catastrophe arrive, passera avant le mari. Quel atroce dernier jour ! Nous nous aimons tant, nous n'osions plus parler ; il y avait la mer entre elle et moi. J'ai souffert comme un damné. Je me demande si j'ai bien fait de l'épouser pendant la guerre. Plus tard, il n'y aurait plus eu ni torpilles ni sous-marins ; nous aurions pris notre séparation en patience. Mais cette fois-ci ! J'ai peur maintenant pour ma peau ! Ma peau passe encore ! Mais c'est elle ! Mon corps s'en ira, mais tout reste avec elle. Et si je fais la culbute, quelles seront mes dernières pensées ? Je la verrai à La Rochelle m'attendant et se tordant les bras, et elle ne saura jamais si je suis mort. C'est atroce ! Ne te marie pas avant la paix. Je lui ai juré que les sous-marins, c'est de la blague. Mais, toi et moi, nous savons bien, ils sont là et partout, et nous n'avons rien contre eux sur le *Pamir*. Les autres qui sont à terre nous envoient à l'abattoir. Ils n'ont donc pas de mères, de femmes, de filles, ni de sœurs, ceux qui nous refusent des canons et la T. S. F. ? Ils chantent la gloire de la France, et ils étouffent les Français comme le type de la Bible qui immolait son fils. La mer et les torpilles me font peur, mon pauvre ami. J'ai peur, moi, j'ai peur.

Marseille, 2 novembre 1916.

Pardon, mon pauvre ami, de ma lettre d'avant-hier. J'ai eu une crise. Je ne te souhaite pas de jamais passer par là. Mais on comprend les choses, quand on adopte pour la vie un deuxième soi-même, et qu'on veut son bonheur. C'est fini. Le *Pamir* est en train de charger du matériel pour l'armée d'Orient et l'armée navale qui est à Salonique. Alors, la boutique me reprend et calme tout. Ma femme m'écrit de gentilles lettres. Elle n'est pas aussi inquiète que quand elle était ici. Ça va, mon vieux. J'ai passé par un mauvais typhon, mais c'est fini. Ce que tu as dû te moquer de moi.

J'ai lu à Fourgues et à Villiers ta réponse sur la bataille du Jutland et les grands cuirassés. Ça leur a fait plaisir. Ils ont très bien compris ce que tu dis, que toute la jeune marine sait très bien que les gros dreadnoughts ne servent à rien, sinon à faire conditionner pour le grade supérieur les capitaines de frégate et de vaisseau et les contre-amiraux. Ça, c'est clair ; Villiers dit que c'est de la psychologie, mais qu'il faut être dedans pour comprendre ça ; toi, tu y es et tu nous expliques très bien. Dans cette guerre navale, il y a les jeunes qui font le turbin, tout comme les navires marchands, mais ça ne compte pas ; et puis, il y a les légumes qui se tiennent tous ensemble, pourvu que chacun gagne du galon, de la solde, ou des décorations. C'est très simple, merci de ton renseignement ; le *Pamir* est au courant désormais, et c'est tout ce qu'il faut, aussi longtemps qu'on ne va pas par le fond.

Le *Pamir* charge farine, obus, canons, matières consommables et non consommables, toute la lyre. En ce moment, mon pauvre ami, ma plume t'écrit, mon corps est ici, mais mon cœur est à La Rochelle, et je sens bien que tout est fini maintenant, que je donnerai toute la guerre pour un voyage là-bas. Bien sûr que je veux notre victoire, mais si jamais le *Pamir* s'écroule sur une torpille, tu peux croire que je m'en irai au fond en maudissant pour l'éternité tous ceux que je ne connaissais pas et qui nous auront laissés sans défense.

Je t'embrasse.

Argostoli, 16 décembre 1916.

Mon vieux copain,

En allant de Marseille à Salonique, avant d'arriver à Matapan, le *Pamir* a été torpillé, canonné et raté par un sous-marin boche. Au fond, on s'en ficherait d'être envoyé par le fond si l'on pouvait répondre et si toutes les précautions étaient prises. Quand un poilu reçoit une balle à l'assaut et qu'il a le temps d'y voir avant de mourir, il sait que les copains vont arriver au but, et ça lui donne du cœur au ventre au moment de larguer son bout. Mais nous, mon vieux, ce n'est pas notre faute ni celle du sous-marin si je t'écris aujourd'hui. Il y en a qui ont la guigne, d'autres qui ont la veine et puis ça colle ! C'est au petit matin entre chien et loup, pendant mon quart, qu'on a commencé à recevoir des dragées. Il faisait un de ces petits temps du jugement dernier et moi je regardais les rouleaux de houle qui faisaient plouf sur l'étrave et qui s'en allaient couverts d'écume. Tout à coup, voilà des colonnes d'écume qui grimpent comme des aigrettes, par bâbord à environ trois cents mètres et qui montaient aussi haut que des cheminées. Zut que je me dis ! on est près des cailloux et c'est la mer qui brise. J'envoie la barre à droite et vais regarder la carte. Ah ! ouat ! il n'y avait pas plus de cailloux marqués dessus que dans le blanc de mon œil. Alors, j'ai remis en route après avoir fait prévenir Fourgues qu'il y avait quelque chose de drôle sur mer, et comme il arrive sur la passerelle, une gerbe d'obus nous tombe à vingt mètres par tribord.

Il n'y avait plus à chiquer, c'était un sous-marin qui nous seringuait, et nous les bras croisés sans pouvoir répondre ! D'ailleurs, on aurait été bien en peine, car nous étions restés près de dix minutes sans savoir ni d'où, ni de qui ça pleuvait. Le *Pamir* roulait comme une brute et il y avait un clapotis aux petits oignons. C'est ça qui a dû gêner le sous-marin, parce que les coups tombaient devant, derrière, à droite et à gauche.

Enfin, pendant un peu de calme, on a perçu des flocons de fumée au diable bouilli à trois ou quatre milles devant, et les embruns qui déferlaient sur le Boche. Alors on lui a tourné le dos et on a taillé dans la plume comme on a pu à toute vitesse. Je ne peux te dire tous les tonnerres de Dieu ! qu'a lâchés Fourgues ! Je ne les ai pas comptés ! Il trépignait et s'arrachait le bouc :

— Tu le vois, ce bougre-là ! qui nous refile ses pruneaux, et nous qui nous taisons comme des eunuques ! Et puis d'ailleurs, même si l'on nous avait mis des canons, ça serait des sarbacanes ou des chalumeaux de cocktail, et l'on ne pourrait pas tirer à plus de quatre à cinq mille mètres. Regarde-le, il est au moins à sept mille mètres, et il nous rate à cause de la houle. S'il faisait beau, tu parles qu'on y serait déjà passé !

Au bout d'un quart d'heure, on avait compté environ quarante obus, et le sous-marin s'est arrêté de gaspiller ses pastilles. Mais il nous a foncé dessus à toute vitesse et tu peux croire, vieux, qu'il nous gagnait mains sur mains.

Le *Pamir*, chargé à trois mille cinq cents environ, s'écrasait dans les creux comme un cul de plomb, et ne devait pas donner plus de sept nœuds à tout casser et en démolissant tout sur le pont. Le Boche filait là dedans comme un anchois. Il avait dû fermer ses panneaux, et tu penses s'il se moquait d'encaisser la houle par-dessus, lui qui est fait pour naviguer avec de l'eau tout autour. Il devait bien gagner trois ou quatre nœuds sur nous, car après trois quarts d'heure de chasse il n'était plus qu'à mille mètres. Alors, nous l'avons vu ralentir un peu et ouvrir les panneaux et il y a des canonniers qui sont venus tirer de dessus le pont. Les deux premiers coups ont tombé vingt mètres court et cinquante long. Fourgues s'est dit que le troisième nous rentrerait dedans et il a mis la barre à gauche toute en grande vitesse pour dévier le tir. Juste à ce moment arrive une lame qui fait cuiller, nous secoue à croire qu'on faisait la pirouette ; tout ce qu'il y avait sur le pont se met à trimballer et bloque la drosse bâbord. Plus moyen de gouverner. Le *Pamir* continue à faire son tour sur la gauche ; seulement, il ne tournait pas vite à cause de la grosse mer, et le sous-marin a cru sans doute que c'était pour le charger qu'on mettait le cap sur lui. Alors les canonniers boches se sont vite cavalés dans les panneaux qu'ils ont fermés, et le sous-marin a plongé dare-dare. Après ça, bernique pour rien voir. Pendant que notre équipage déhalait sur les caisses du pont pour dégager la drosse, le *Pamir* continuait à tourner en rond comme une bourrique de chevaux de bois et à rouler et à tanguer sans s'arrêter. Le sous-marin a dû s'approcher, car on a vu deux sillages de torpilles, l'un devant à trente mètres, l'autre qui a passé derrière. La deuxième était bien pointée et arrivait droit sur nous qui ne pouvions remuer pied ni patte, rien que faire le signe de croix et penser à sa famille, mais cette torpille ne devait pas être réglée très profond, vu que le *Pamir* n'est pas cuirassé et qu'un trou à la flottaison suffit pour le faire basculer ; alors une lame creuse a attrapé la torpille et l'a fait sauter en l'air comme une carpe, à cent mètres de nous, et l'a renvoyée dans l'eau à angle droit de son parcours, ce qui fait qu'elle a passé derrière et qu'on a dit ouf !

Le Boche a dû être dégoûté de perdre en une heure deux torpilles et pas loin de cinquante obus sur un bateau qui faisait bouchon ; il a remonté en surface à environ deux ou trois mille mètres sans plus rien nous envoyer, et a pédalé sur une autre barque qui venait de l'Ouest, le *Worthminster*, un grand patouillard anglais chargé de munitions, qui avait fait escale à Marseille et en était sorti à même heure que nous, mais qui avait un peu perdu de vitesse sur le *Pamir* et que nous avions perdu de vue la veille au soir. Je crois que le *Worthminster* y a passé, car il n'est pas arrivé à destination à Salonique. Nous avons demandé les nouvelles à Salonique, mais c'est motus partout, et l'on saura la semaine des quatre jeudis si les copains du *Worthminster* donnent à boulotter aux crabes.

Tu penses si Fourgues a fait de l'orchestre parce que le *Pamir* ne pouvait pas envoyer de radiogramme au *Worthminster*, qui avait la T. S. F. qu'on avait vue à Marseille. Voir un sous-marin courir sur un frère et ne pas pouvoir dire : « Retourne à l'Ouest ! voilà des obus et des torpilles qui arrivent ! » Avoue qu'il y a de quoi en râler. Si encore notre drosse avait été disponible, Fourgues aurait couru après le Boche au risque d'encaisser des pruneaux, mais le *Worthminster* aurait vu l'affaire et se serait débiné. Seulement, il a fallu deux heures pour dégager la drosse et la réparer et finir de tourner en rond. Alors Fourgues a continué sa route en hissant les signaux qu'il avait vu un sous-marin boche vers Matapan, et tous les bateaux qu'on a rencontrés ont gagné au Sud. Quant à ceux qui venaient après nous, ils se sont fait déquiller sans qu'on ait pu rien leur dire !

A Salonique, les autorités maritimes ont posé à Fourgues cent mille questions sur cette aventure. Comme le *Pamir* n'avait reçu aucun coup dans le ventre ni dans les œuvres mortes, on a voulu faire dire à Fourgues qu'il avait rêvé, et qu'il n'avait pas vu plus de sous-marin que dans le creux du coude. Fourgues était tellement en rogne qu'il ne s'est même pas mis en colère :

— Ça va bien, — qu'il a répondu. — Puisqu'il faut faire la preuve qu'on a vu un sous-marin en se faisant envoyer par le fond, la prochaine fois je stopperai et j'attendrai ; peut-être qu'on me croira. En tout cas vous pouvez avoir des confirmations par le *Worthminster* qui...

Les autres ont tiqué au nom du *Worthminster*, ce qui nous fait croire qu'il a trébuché, mais on n'a pas voulu nous donner de tuyaux. On a seulement questionné Fourgues :

— Pourquoi n'avez-vous pas prévenu le *Worthminster* ?

— Pas de T. S. F.

— Pourquoi n'avez-vous pas couru après le sous-marin ?

— Drosse engagée et avariée.

— Pourquoi n'avez-vous pas attaqué le sous-marin ?

— Pas de canons et une mer démontée.

— Pourquoi n'avez-vous pas hissé des signaux au *Worthminster* ?

— Il était à l'horizon, il pleuvait. On n'aurait pas vu un pavillon à cinq cents mètres.

Et patati et patata. Fourgues est parti tout court en laissant son papier écrit, en disant que puisque c'était les gens qui trinquent qui se font attraper, et les reste-à-terre qui leur cherchent des poux dans la tête, il s'en lavait les mains et laisserait errer les sous-marins la prochaine fois pour que le compte soit réglé et qu'on n'en parle plus. Mais ça, mon vieux, c'est de la mauvaise humeur du moment, et il n'a pas plus envie que moi que le *Pamir* aille baliser le fond de l'eau. Pendant qu'on débarquait notre matériel pour l'armée d'Orient, il y avait pas mal de cargos sur rade, et un jour Fourgues a invité à déjeuner tous les commandants des cargos. Comme il est très populaire, on s'est trouvé une tablée de quinze ou vingt, tous des types à poil et à cran, qui, depuis le début de la guerre, bourlinguent au Nord et au Sud avec des millions de marchandise dans le ventre ou bien des troupes en veux-tu en voilà. Tu sais, ça fait plaisir d'écouter des conversations pareilles, des gens qui turbinent pour de bon et qui n'ont pas la trouille, et puis, entre marins on ne la fait pas à la pose ; d'ailleurs, Fourgues qui présidait n'avale pas les bourdes comme un mousse. Alors, chacun racontait sa petite histoire, comme ça lui était arrivé et sans bourrer le crâne de personne. Ils avaient tous été plus ou moins attaqués, torpillés, canonnés, mais ils en étaient sortis puisque tous étaient là. Ils disaient cependant que c'était là jeu de quilles qui commençait sérieusement, que tôt ou tard chacun ne s'en tirerait pas sans avaro. Il y en a qui avaient la T. S. F. et des canons ; seulement, leurs canons ne portaient pas si loin que ceux des sous-marins qui les avaient attaqués, et quand ils appelaient par T. S. F. pendant des heures pour prévenir d'un danger, personne ne leur répondait. Il y en avait qui avaient la T. S. F. et pas de canons, et comme ils n'avaient qu'un seul opérateur, et qu'un homme n'est jamais qu'un et ne peut pas rester avec les écouteurs aux oreilles sans dormir pendant vingt-quatre heures sur vingt-quatre sous peine de devenir fou, leur bateau n'était pas informé des dangers et l'avait parfois échappé belle. Il y en a qui avaient des canons et pas de T. S. F., mais on leur avait donné des canons de rebut qui s'enrayaient au troisième coup et c'est comme s'ils n'en avaient pas. Il y en a qui n'avaient ni canons ni T. S. F. : voir *Pamir* ; c'était le plus grand nombre et ceux-là n'avaient qu'à faire leur testament comme réponse aux sous-marins. Tout ça n'était pas très folichon à constater, et sans Fourgues, qui était à la bonne ce jour-là, ça aurait tourné à la cérémonie funéraire ; d'autant plus qu'on parlait aussi des embarcations de sauvetage, qui sont insuffisantes partout ; des machines à bout de souffle depuis qu'on les fait tourner, marche ou crève ; des bateaux qui tiennent debout parce qu'ils ont bon caractère, mais qui se décollent dans tous les coins ; bref, toutes les misères que tu as connues dans le temps, mon vieux, mais qui n'étaient que rigolade à côté de l'emberlificotage présent.

Au café, Fourgues a résumé les laïus en disant que, puisque personne ne s'occupait des cargos ou transports tant que les marins se taisent, c'était peut-être temps que les officiers et capitaines marchands disent un peu ce qu'il faudrait faire et se mettent d'accord pour parler et exposer des lignes de conduite. Ils se sont tous mis d'accord et ont fait un topo qu'ils se sont engagés à faire signer aux collègues partout où ils iront, et à envoyer le plus tôt possible une délégation à Paris. Tu penses bien, mon vieux, qu'ils n'ont aucun espoir que ça aboutira. On leur répondra qu'ils aillent se faire couler et qu'on ne leur demande pas leur avis, et à quoi ça ressemble que les gens qui font le turbin donnent leur avis dessus. Comme le pays ignore la marine et qu'on lui chante que tout va bien sur mer, les capitaines marchands n'auront que la satisfaction de penser qu'ils avaient vu clair, et compteront en arrivant au port les petits camarades qui ont bu le bouillon. Amen et gloire aux torpillés !

Si j'avais le temps et si je savais y faire, je te raconterais des tas de choses intéressantes sur Salonique pendant qu'on y était : Venizelos, avance du côté de Monastir, le gouvernement national, etc... : tu peux dire qu'il y a du mouvement et des papotages. Mais il me faudrait des journaux de bord entiers, et puis, en dehors du métier, j'ai peur de dire des bêtises. Je te prie de croire qu'ils ont été contents de recevoir notre camelote de Marseille, à l'armée d'Orient : matériel de voie ferrée, tracteurs, pneumatiques, affûts et essence. Quand les bateaux sont en retard, ça retarde les opérations d'autant. Quand ils sont coulés, il faut attendre le remplaçant pour aller de l'avant : alors, en France, il faut reconstituer le stock, l'envoyer à Marseille, trouver un autre bateau et le remplir, bref un petit mois de retard ; sans compter qu'il manque toujours quelque chose dans le deuxième envoi, un rien du tout qui arrête une voiture, un canon ou une voie ferrée. Ils ne se doutent pas de ça sur le front de France, où ils n'ont qu'à donner un coup de téléphone sur l'arrière pour faire rappliquer la marchandise. Ici, quand on n'a pas, on n'a pas, et ça fait le compte. Mais les journaux de France du pays hurlent qu'on a un poil dans la main. Je ne suis que commandant en second du *Pamir*, mais j'aime mieux ma place que celle de Sarrail.

De Salonique on est allé au Pirée, Salamine et partout par là pour passer des rechanges et approvisionnements aux bateaux de l'armée navale : hélices, tubes de chaudières, câbles électriques, torpilles, tôlerie, petit outillage, une vraie quincaillerie. On allait d'un mouillage à l'autre, crachant quelques tonnes par-ci par-là, et l'on apprenait les bribes des histoires du 1er décembre à Athènes, qui étaient toutes chaudes. Ne t'attends pas non plus à ce que je te dégoise tout ça. La poste n'est pas sûre, et ce n'est pas les choses arrivées réellement qui comptent, c'est celles qu'on dit officiellement. Fourgues dit que c'est très philosophique : il n'y a que les gens officiels qui ont intérêt à raconter des blagues pour se couvrir, et il n'y a qu'eux qu'on croit. Il ajoute que cette guerre, de quelque côté qu'on se tourne, c'est le triomphe du mensonge. Il a le mot, Fourgues ! Pendant que le *Pamir* faisait sa petite odyssée dans les ports grecs, comme dit Villiers, nous nous demandions encore tous trois à quoi servent les grosses barques de guerre avec leurs mille hommes d'équipage et leurs canons énormes. Si c'est pour notre prestige en Orient, une journée comme celle du 1er décembre démolit la présence de mille cuirassés. Si c'est pour faire une bataille navale, c'est contre qui ? Les Autrichiens ? alors pas besoin de garder plus que le double des bateaux autrichiens, et il vaut mieux désarmer les bateaux français qui boulottent du charbon et ahurissent à ne rien faire des dizaines de milliers de matelots, qu'on verrait mieux sur des chalutiers et des petits bâtiments de surveillance : avec une seule grosse barque inutilisée on en armerait dix ou quinze qui serviraient à quelque chose. Si c'est pour offrir aux sous-marins boches des cibles qui en vaillent la peine, quand les grosses barques vont se faire caréner en France ou à Bizerte — pourquoi pas au Kamtchatka — alors qu'il y a l'Italie à portée de la main, alors on comprend. Mais tout ça ne me regarde pas et j'ai bien assez du *Pamir* et de la navigation.

A Argostoli, où on nous a envoyés pour vider nos cales pour des cuirassés qui se trouvaient là, nous avons continué à faire les mêmes réflexions. Équipages et jeunes officiers s'ennuient à crever et ils se rongent les poings à essayer d'avoir du service actif, le seul possible maintenant pour les marins de guerre, la chasse aux sous-marins sur des petits bateaux. Ah bien ! tu penses que ça ne ferait pas l'affaire de tout le monde ; alors pour avoir l'air de les occuper, on leur fait faire des tas d'exercices du temps de paix. Dame ! que veux-tu ? la guerre ne viendra pas pour eux, sauf d'être torpillés peut-être, et il faut bien qu'ils aient l'air de servir à quelque chose. En voilà encore une force française qu'on aura laissée en carafe, et de la première qualité. Rien que des gars costauds qui demandent à quitter leur bateau pour aller au danger. C'est pas comme les types qui demandent à quitter les tranchées pour gagner de la galette loin des coups, les marins voudraient faire de la vraie mer en gagnant peau de balle autant qu'avant. Mais qu'ils en aient envie ou non, c'est kif-kif ! Le fil est coupé avec la France, où tout le monde ignore la marine et s'en soucie comme du Siam.

Tu parles si l'on nous est tombé sur le paletot à Argostoli pour avoir les derniers cris d'Athènes et de l'armée navale, d'où nous arrivions tout droit. Ils ne savent rien ici, ou presque. Alors au début, Fourgues et Villiers et moi avons commencé à dévider notre boniment de première main, croyant qu'on nous questionnait pour savoir. Des prunes, mon vieux ! Tous les chefs ont ouvert des quinquets grands comme ça ; après, ils nous ont priés de nous faire… La France peut se faire tuer cent hommes et six officiers comme des rats pris au piège, mais c'est défendu de dire comment. Alors Fourgues et nous, avons mis notre langue dans le coin avec la chique dessus, et on a répondu aux jeunes, qui connaissent des bribes, que nous n'avions pas qualité pour dire ce qu'on savait. Et voilà ! Tu nous vois, mon vieux, dans le rôle de censeurs ! Ça nous va comme des gants à une tortue. D'ailleurs, comme les aventures forment la jeunesse, je comprends très bien la censure, après cette histoire-là, tandis qu'avant je n'y pigeais goutte et me demandais pourquoi un pays comme la France n'était pas digne de la vérité. La censure, mon vieux, c'est pour empêcher les gens d'avoir une maladie de cœur. Pas les gens du front ou de la mer qui ne seraient pas plus malades de la vérité que d'un obus ou d'une torpille, mais tous les potentats qui se font sur la guerre de l'avancement ou une réputation, et qui n'aiment pas qu'on leur mette le nez dans leur histoire. Dire qu'un pays comme le nôtre, où tout le monde se fait casser la margoulette en riant, est traité de la sorte pour couvrir une bande d'imprévoyants ! C'est à rire jusqu'au jugement dernier.

Tout de même, c'est plus ou moins drôle de voir les indigènes du pays nous regarder avec l'air de se payer notre fiole depuis le 1er décembre. Qu'est-ce qu'on attend pour leur faire suer dix fois le sang des marins français ? Il n'y a pas d'influence extérieure qui tienne ! On s'en bat l'œil que celui-ci ou celui-là ne veuille pas faire bobo à leur Constantin chéri, mais le sang français c'est une affaire française, et nous pouvons bien répondre aux autres : « A bas les pattes ! Laissez-moi régler ce compte ! » D'ailleurs, avec des bonshommes qui n'ont d'admiration que pour la trique, à preuve qu'ils sont bouche bée sur leur derrière devant les bandits boches, il n'y a pas à chercher midi à quatorze heures. Seulement, nous nous gargarisons avec les souvenirs de l'antiquité, et comme tous ces Helléno-Boches connaissent notre gourderie, ils jouent de ce violon-là en roulant des yeux blancs. Mince alors ! faut-il que ça nous tienne au sang d'être poires pour couper dans cette chanson ! Fourgues m'a expliqué ça en trois paroles, comme il sait faire.

— Voilà l'histoire, petit. Il y a des aventuriers, des escrocs qui veulent épouser une bonne madame avec le sac. Alors, ils lui récitent des vers, font la bouche en cœur et prennent des poses romantiques. La bonne dame se laisse chatouiller et passe devant le maire, ses patards en serre-file. Alors qu'est-ce qu'elle prend ? Le joli cœur lui boulotte sa galette, lui tape dessus et se paye sa tête pour faire un total. Eh bien ! le gouvernement grec et l'Entente, c'est le même tonneau. On nous joue l'orchestre des grands aïeux, Thémistocle et Canaris, et quand nous arrivons la main tendue, bon pour cent marins massacrés ! Si encore on leur retournait la botte, ça irait peut-être. Mais nous leur répondons : « On peut causer ». Alors tout le monde s'assied sur les cadavres en rond, et c'est le sang français qui fait tapis vert ! Au lieu de ça, qu'on leur dise : « Constantin ou du pain !... » Qu'on leur ferme les ports puisqu'on a des bateaux qui ne fichent rien, et dans huit jours nous serions débarrassés des gars qui nous tirent dans le dos, nous coupent les ponts, et reçoivent tous les matins leurs instructions de Potsdam. Mais que veux-tu, petit, le Français est bon pour se faire tuer et demander pardon ensuite. Du moins, c'est la doctrine.

Moi, mon vieux, je ne sais pas ce que c'est que Canaris et Thémistocle, de vieux farceurs, sans doute, mais le reste est clair comme le jour. Qu'est-ce qu'on peut bien raconter là-dessus en France ? Ici déjà, à deux jours du Pirée, il y a pas moyen que nous, du *Pamir*, qui y étions, nous nous fassions entendre, juge un peu de ce que ça doit être là-bas ?

Et puis, la barbe ! Le *Pamir* attend des ordres. C'est l'habitude. Fourgues a peur qu'on ne nous fasse prendre du charbon, vu que ça devient une denrée plus chère que le gigot. Moi je m'en fiche, je m'en refiche et contrefiche. Si tu n'es pas comme moi, c'est que les galons t'ont bien changé.

La patte.

Norvège, 13 février 1917.

Mon vieux parrain,

Ça t'épate que je te donne ce nom-là. Ce n'est pourtant pas malin. Il y aura pour la classe 1937 un petit conscrit ou une petite maman qui me ressemblera, je l'espère, et tu es le parrain d'office. Pas de réclamation, hein ? J'ai appris ça l'autre jour en arrivant à Bergen ; la lettre me courait après depuis deux mois, mais on a tellement roulaillé, depuis deux mois, et puis la censure a retenu les lettres en Grèce, en sorte que c'est un futur papa tout neuf qui t'envoie son faire-part ; si tu ne me félicites pas, tu n'es pas un frère. Ça suffit pour les histoires de famille ; il n'en arrive d'ailleurs pas si souvent dans la vie des hommes. Ne va pas croire que je fais le malin parce qu'il va sortir une petite carte postale dont j'aurai fait le cliché. Non, mon vieux ! Je ne t'écrase pas. Fais-en autant quand tu pourras et si tu peux, et nous serons quittes. Et puis, si c'est toi qui as la veine de voir le premier mon ou ma moustique, embrasse la maman et le bébé de ma part. Tu vois que c'est de bon cœur.

Il y a si longtemps que je ne t'ai pas écrit que je ne me rappelle pas d'où est partie ma dernière. Je crois que tu te faisais caréner à Bizerte et que moi j'attendais à Argostoli. Si je me répète, passe les redites et prends où je t'aurai laissé.

Voilà ce qu'on a fait : Argostoli, Messine, Ajaccio (mais ça, c'est du rabiot comme tu verras), Lisbonne, Bilbao, Brest, Liverpool, Bergen et les ports norvégiens où le *Pamir* ramasse du bois. Et tu sais, on n'a pas moisi en mer ni dans les ports, comme tu t'en rendras compte. Cette fois on a fait du travail utile et sauf cette déclaration de blocus allemand, qui nous prend en Norvège, tout irait pour le mieux. Mais je fais comme Villiers quand il discute : je série les questions.

Il y avait à Argostoli trois autres patouilleurs qui partaient en même temps que le *Pamir* ou à peu près, et l'on nous a fait faire route ensemble pour rejoindre un gros croiseur à l'ouest de Cérigo, afin de faire convoi avec d'autres bateaux que le croiseur avait ramassés à Salonique, à Salamine, ou ailleurs. Il y avait un contre-torpilleur, le *Revolver*, pour nous convoyer tous tant que nous étions. Comme tu penses, le convoi était formé de hourques qui donnaient les unes huit nœuds et les autres quatorze et comme on s'est tous rencontré au soir, le lendemain matin il y en avait qui étaient perdus devant l'horizon et les autres derrière. Enfin, on s'est rabiboché comme on a pu et on a suivi la route secrète. Vers le matin du deuxième jour, le croiseur a hissé des tas de signaux pour nous dire de piquer au Sud, parce que pendant la nuit un sous-marin avait travaillé sur la route secrète et nous nous sommes tous cavalés au Sud, les plus rapides en tête, les rouleaux mécaniques derrière et le *Pamir* dans la bonne moyenne. Ça valait le coup de voir cette course d'obstacles. Le croiseur avait ordre de toucher à Messine ou ailleurs de ce côté-là, il ne nous l'a pas dit, mais il nous a ramassés tant bien que mal et nous a conduits dans le détroit de Messine où l'on s'est trouvé tous en tas vers midi ; et s'il y avait eu un sous-marin à nous regarder, il ne nous aurait pas plus manqués qu'un éléphant dans une fenêtre. Là le croiseur et le contre-torpilleur nous ont signalé bon voyage, et nous ont donné ordre de filer par la route secrète jusque devant Marseille où chacun suivrait sa destination par les routes secrètes. Mais comme il n'y avait plus personne pour faire la police, les bons marcheurs en ont mis, les autres ont calé, et avant d'arriver à Bonifacio le *Pamir* n'avait plus en vue qu'un grand vapeur qui a disparu à la nuit à l'horizon devant. On a marché toute la nuit et le lendemain au jour, qu'est-ce que Fourgues voit ? Le grand vapeur désemparé qui avait reçu une torpille dans le gouvernail et l'hélice, et qui demandait à être remorqué. Comme ce vapeur avait un canon, Fourgues a pensé qu'il avait arrosé le sous-marin et que celui-ci s'était trotté pour attendre les copains qui suivaient la route secrète. Il nous a peut-être manqués d'une heure à une heure et demie au plus, mais nous n'avons rien vu pendant qu'on a rejoint le grand vapeur, la *Sainte-Eulalie*, non plus que pendant qu'on l'a remorqué jusqu'à Ajaccio. Ça n'a pas été commode à lui passer la remorque, vu qu'il y avait un reste de mistral et que la *Sainte-Eulalie* était tombée travers au vent. Il y a eu un de nos hommes qui a eu une patte cassée par la première aussière qui a pété. La deuxième a tenu bon, et le *Pamir* a remorqué l'éclopé jusqu'à Ajaccio à cinq nœuds de vitesse. A Ajaccio, on a débarqué notre blessé et comme il n'y avait plus de raison pour aller à Marseille vu que le convoi était dispersé, Fourgues a fichu le camp droit sur Lisbonne où on lui a dit de passer à Argostoli, et il s'est donné le luxe de naviguer à côté des routes secrètes ; quand je dis à côté, ça veut dire à cinquante milles, sauf à Gibraltar où il faut bien que tout le monde passe ; mais si la marine n'est pas capable de garder Gibraltar, il n'y a plus qu'à tirer l'échelle et à commander une couronne mortuaire.

Fourgues a dit que les voyages sur mer commençaient à présenter un peu trop de variété pour qu'on suive les routes secrètes — et que tant qu'il n'y serait pas contraint et forcé, il irait voir un peu plus loin pour éviter les sous-marins. Alors il a rejoint la côte espagnole un peu au Sud des Baléares et l'on a suivi la terre jusqu'à Lisbonne.

Fourgues dit que ça lui a peut-être fait perdre un jour, mais que les sous-marins sont moins dangereux à proximité des côtes, vu que s'ils nous envoient une torpille on peut avoir le temps de jeter le bateau au sec et de le sauver subséquemment ; et qu'en tout cas les équipages et les embarcations sont presque sûrement sauvés puisqu'ils n'ont qu'à donner quelques coups d'aviron pour gagner la terre ferme. Fourgues ajoute que cette règle devrait être générale.

A Lisbonne, on fait du charbon, et le *Pamir* a pris le matériel que nous a passé la marine portugaise pour le corps expéditionnaire que le Portugal forme en France. Nous avons été très bien reçus à Lisbonne ; ce n'est pas comme dans d'autres pays alliés où ça n'est ni chair ni poisson. Les Portugais y vont franc jeu. Ils ne sont pas riches et leur armée n'est pas immense, mais ils ne demandent qu'à taper sur les Boches et à les démolir, ce qui devrait être l'idéal de tous les alliés, au lieu de faire des combinaisons louches comme certains.

Nous avons à moitié rempli nos cabs : le cab arrière, à Lisbonne, avec le matériel de guerre portugais et nous sommes allés à Bilbao pour fourrer de l'acier dans le cab avant. Tout ça a été fait en cinq sec. Les Espagnols, je veux dire les armateurs, commencent à renâcler pour nous passer du minerai, parce qu'ils disent que les Boches vont envoyer tous les bateaux par le fond et que l'Espagne ne tient pas à perdre toute sa flotte. Alors, ils demandent des prix formidables : ça fait des négociations à n'en plus finir, et le minerai s'empile sur les quais. C'est pourquoi le *Pamir* a vite chargé.

Je passe à toute vitesse parce que je veux arriver au trot aux affaires actuelles et aux histoires de Norvège, et que le courrier part après-demain. Nous avons fichu le camp pour Brest, où le *Pamir* a débarqué le matériel portugais et le métal espagnol. Pendant la traversée nous avons passé près d'une épave ou plutôt de cinquante épaves : bois, bûches, bouées, etc., qui occupaient un demi-mille de mer. Fourgues a fait chercher pendant tout l'après-midi pour voir si on ne trouverait pas quelque radeau ou canot du bateau démoli. Mais ça a dû être le même coup que le *Suffren*, qui n'a laissé que son absence comme preuve de naufrage, et nous n'avons rien cueilli. Quand tu passes à côté de drames pareils et que tu te dis que ton tour viendra peut-être dans un quart d'heure, eh bien ! tu n'applaudis pas comme on fait à Paris sur notre politique navale.

Quand on a eu vidé notre camelote à Brest, le *Pamir* a attendu un jour tout au plus et on l'a expédié en Norvège pour chercher des bois en planches et madriers. Faut croire qu'il n'y a pas des bateaux de reste maintenant, quoique les journaux racontent qu'il y a cent mille sorties et rentrées à la semaine, et que la guerre sous-marine est un fiasco pour les Boches. Au début de la guerre, on n'avait pas peur de faire poireauter le *Pamir* des huit et dix jours sans rien faire dans un port : maintenant, au galop ! Tous les copains qu'on a vus, ils serrent les rangs aussi. Ça ira tant que ça pourra ; et puis à un moment donné, il n'y aura plus mèche. Alors on commencera à serrer d'un cran la boustifaille et le charbon du pays, et puis de deux, et puis de trois, pendant que nous continuerons à être envoyés au fond. Si ça pouvait ouvrir au pays les yeux sur l'importance de la marine et le besoin de la protéger ! Passe encore. Mais tu verras qu'on trouvera moyen de lui faire avaler une nouvelle vessie. La France n'est pas maritime et se laissera toujours bourrer le crâne sur la marine. D'ailleurs, j'anticipe et je dis cela comme si le blocus boche était déclaré à ce moment-là, tandis qu'il ne l'est que depuis qu'on est en Norvège. Donc, nous partons de Brest.

Nous avons ordre de filer par le canal d'Irlande, vieille connaissance depuis la guerre. Dans la Manche, vers dix heures du matin, j'ai vu droit devant le *Pamir* une mine qui avait dû se décrocher du fond, et qui filait en dérive comme un simple bout de bois. Si ça avait été la nuit, je ne t'écrirais pas, mon vieux, ni personne du *Pamir*, parce qu'il y avait de quoi faire sauter quatre *Pamir* réunis. J'ai mis à droite. Nous avons regardé et admiré la mine et puis c'est tout. Pas un canon pour l'envoyer au fond. Pas de T. S. F. pour informer les autorités à Liverpool, au sujet de cette mine. Mais il voulait aussi prendre du matériel de rechange à Birkenhead et on a mouillé dans le Mersey.

Fourgues a eu le malheur de télégraphier au patron qu'il était à Liverpool, et le patron, qui ne perd jamais l'occasion d'arrondir son pécule, nous a répondu d'attendre quarante-huit heures pour embarquer du fret urgent pour la Norvège. Ce fret urgent, mon vieux, c'étaient des wagons et des montagnes de sucre, de conserves et de confitures pour la Norvège. Il paraît qu'en Norvège ils n'ont pas peur d'acheter ce qui se paye en France le poids de l'or. Si tu veux mon avis, c'est pas la cargaison du *Pamir* qui rendra l'embonpoint aux Norvégiens qui en manquent. Plus au Sud, il y a des claqueurs de bec, et nous aurons travaillé pour eux. Quand on est bête, c'est pour longtemps. Comme blocus les Alliés se servent d'un filet aux mailles crevées, ici comme en Grèce et ailleurs. Mais ça, c'est d'autres histoires. Pendant la traversée de Liverpool à Bergen, que je te recommande si tu aimes la gymnastique, vu qu'on n'a pas cessé une minute de rouler bord sur bord, Villiers s'est amusé à faire des calculs d'après le journal de navigation pour voir combien le *Pamir* avait fait de kilomètres et transporté de marchandises depuis trente mois de guerre. Il a trouvé qu'on a fait trois fois et demie le tour du monde, transporté entre quatre-vingts et cent millions de camelote. On aurait pu dépasser ce dernier chiffre et comment ! si nous n'avions pas eu tant de voyages à vide. Mais enfin, tel qu'il est, Fourgues a dit que le *Pamir* avait fait sa force. Quand on pense que les plus gros cargos ont pu en trimballer le double ou le triple et que la France avait besoin de tout cela, on peut dire que les marins marchands n'ont pas démérité. Oh ! mon vieux, ce n'est pas pour nous pousser du col et dire qu'on est des types épatants. Tout ça c'est bon pour les fils à papa qui se font photographier dans les journaux ou bien les bonshommes qui se pavanent dans les brasseries de Paris. Ceux-là en ont peut-être fait gros comme l'ongle et font du volume gros comme la tour Eiffel. Mais nous qui trimons sans que personne le sache, et qui recevons des engueulades plus souvent que des récompenses, sans compter les capilotades de torpilles et de mines et pas plus de huit jours de permission en rade, mais je me demande ce que l'Entente aurait fait si nous n'avions pas été là, solides au poste et silencieux. Si les Français n'arrivent pas à comprendre après cela ce que représente la marine marchande, c'est qu'ils sont bouchés à la colle forte, et qu'il n'y a plus qu'à larguer tous les bateaux pour s'en aller planter des topinambours dans son patelin. Arrange tout ça comme tu voudras, la France a besoin du monde entier pour gagner sa victoire, et comme il n'y a pas de chemins de fer pour aller en Australie, en Argentine ou aux États-Unis, ni dans aucun des pays qui nous refilent des matières premières, on était bel et bien cuit sans la marine marchande. Mais va-t'en voir s'ils viennent, Jean ! Il n'y a pas de danger pour qu'on insiste là-dessus à Paris, et nous continuerons à rester sur le trimard, comme devant, pendant que ces messieurs se gargariseront les uns de palabres et les autres de fafiots à leur crever les poches.

A Bergen, nous avons évacué notre boustifaille destinée, *en transit*, aux Boches et je t'informe que nos hommes ont démoli autant de caisses que possible en les envoyant sur le quai. Ce n'est pas de l'argent perdu pour le patron, car tu peux être sûr que celui-là a pris ses précautions, mais c'est toujours autant que les Boches ne se fourreront pas dans les boyaux.

C'est pendant que le *Pamir* était à Bergen qu'est arrivée la nouvelle de la guerre sous-marine que les Boches vont mener sans merci, avec blocus, zones défendues, pas d'avertissements, et tout le catalogue. Tu penses que sur le *Pamir* personne n'a été bien épaté de cette histoire qui fait pousser les hauts cris à tous les gros légumes et aux journaux de l'Entente. Nous et tous les copains qui bouffons des lieues sur mer et entendons parler un peu partout, il y a belle lurette que nous sentons venir le grain. Seulement, nous ne sommes pas des officiels, alors il fallait croire qu'on se trompait. Eh bien ! la bombe arrive. Qui est-ce qui va trinquer ? D'abord les petits bateaux qui vont sur l'eau, ensuite la France qui va faire ceinture. Qu'est-ce qu'on va prendre, au pays, comme augmentation de prix du charbon, de la farine, du beurre et de tout ?

Nous qui avons l'habitude de transporter toutes ces camelotes, nous savons ce que représente une tuile pareille. Mais le bon public qui achète ça à la boutique du coin, et qui croit que ça vient tout seul comme la pluie ou l'air qu'on respire, il va plutôt faire une tête. Bien sûr, on ne lui dira pas d'où ça vient et il ne se doutera pas qu'il paye le double ou triple prix à cause que les bateaux trébuchent sur l'eau. On lui servira des raisons à l'eau de savon, parce qu'il est défendu de dire la raison de rien. Mais la censure n'empêchera tout même pas de couper le gaz, l'électricité, les chemins de fer, les restaurants et tout ce qui rend la vie facile. Car tu peux croire que les Boches ne vont pas y aller avec le dos de la cuiller. Ici, tout près de chez eux, on a des tuyaux, et nous en avons ramassé pas mal à Bergen et à Christiansund, d'où je t'écris pendant que nous chargeons des stères et des kilostères de bois en planches et en madriers. C'est encore heureux d'ailleurs que le *Pamir* se trouve ici pour prendre ce bois, car tous les bateaux norvégiens ont reçu l'ordre de rester là sans bouger à cause du blocus allemand et je te prie de croire qu'il y a des milliers de tonnes de bois de construction. Comment va-t-on faire, déjà que ça manquait ? Le pire est que les Hollandais, Espagnols et autres neutres vont aussi suspendre leur trafic, parce qu'ils ne tiennent pas à faire culbuter leurs bateaux. Enfin, le *Pamir* aura toujours ses trois à trois mille deux cents tonnes de bois qui serviront bien à construire des baraquements de poilus, des voies ferrées, des montants de tranchées, pour au moins un corps d'armée.

C'est au moins aussi utile que les obus et le charbon, et nous sommes contents de cette cargaison.

Pour en revenir aux tuyaux qu'on a recueillis ici, il paraît que ça bouillonne en Russie, et qu'un tas de gens trouvent à Pétrograd et ailleurs que ça suffit de subir l'influence des Allemands qui mettent des bâtons dans les roues, jusqu'à la cour et la famille impériale. Beaucoup de gens prétendent que ça ne peut finir que par la paix séparée ou la révolution. Pour tout dire les affaires sont assez troubles là-bas, de l'avis de personnes qui en viennent.

En Allemagne, on ne parle plus que de sous-marins et le public en attend des merveilles. Les Norvégiens disent qu'il est sorti plusieurs sous-marins par semaine depuis plusieurs mois et qu'il y en a beaucoup qui sèmeront des mines. Alors, comme tu peux croire que les Boches vont faire comme ils ont dit, la navigation va devenir comme des pièges à loups, et l'on sautera sans savoir ni qui ni comment. Le *Pamir* est bien servi pour la première traversée après le blocus. Il a à franchir en long toute la zone défendue, et ce n'est pas la surveillance qu'on y fait qui nous protégera beaucoup. Ça n'a guère changé en trente mois de guerre. D'ailleurs, Fourgues dit que l'Entente est assez riche pour prétendre qu'elle peut supporter tout ça. Qu'on coule par mois mille ou cinq mille tonnes, Fourgues dit qu'on mettra dans les journaux que c'est du bluff. Seulement, c'est le public qui paiera en fin de compte. Nous, qu'on y passe ou non, ça n'a guère d'importance. Tout ce qu'on aura comme oraison funèbre, c'est le silence partout. Mais tout ça, c'est des balivernes. Je vais ce soir au cinéma avec Villiers qui m'offre cette fête en l'honneur de ma paternité. Nous dînerons à terre. Nous appareillerons dans trois jours pour un port de l'Atlantique qui n'est pas fixé. Tu vois cette veine, si c'était La Rochelle ou Saint-Nazaire ? J'irais embrasser la jeune maman. Bah ! qui vivra verra. Les marins ne sont pas faits pour être en famille, et, comme dit le proverbe, femme de marin, femme de chagrin ! Je t'envoie ma photo que j'ai fait prendre à Bergen, et que j'envoie aussi à ma femme pour qu'elle me regarde en attendant le bébé. Tu verras que je me porte bien, et que la guerre me réussit. Ce que j'écris sur la photo, je le pense, tu le sais. Tu es mon vieux frère et je t'embrasse jusqu'à la prochaine.

*
* *

Milton Keynes UK
Ingram Content Group UK Ltd.
UKHW010707240424
441619UK00004B/327